T&P BOOKS

ARABISCH

WORTSCHATZ

FÜR DAS SELBSTSTUDIUM

DEUTSCH ARABISCH

Die nützlichsten Wörter
Zur Erweiterung Ihres Wortschatzes und
Verbesserung der Sprachfertigkeit

3000 Wörter

Wortschatz Deutsch-Ägyptisch-Arabisch für das Selbststudium - 3000 Wörter

Von Andrey Taranov

T&P Books Vokabelbücher sind dafür vorgesehen, beim Lernen einer Fremdsprache zu helfen, Wörter zu memorieren und zu wiederholen. Das Wörterbuch ist nach Themen aufgeteilt und deckt alle wichtigen Bereiche des täglichen Lebens, Berufs, Wissenschaft, Kultur etc. ab.

Durch das Benutzen der themenbezogenen T&P Books ergeben sich folgende Vorteile für den Lernprozess:

- Sachgemäß geordnete Informationen bestimmen den späteren Erfolg auf den darauffolgenden Stufen der Memorisierung
- Die Verfügbarkeit von Wörtern, die sich aus der gleichen Wurzel ableiten lassen, erlaubt die Memorisierung von Worteinheiten (mehr als bei einzeln stehenden Wörtern)
- Kleine Worteinheiten unterstützen den Aufbauprozess von assoziativen Verbindungen für die Festigung des Wortschatzes
- Die Kenntnis der Sprache kann aufgrund der Anzahl der gelernten Wörter eingeschätzt werden

T&P Books Publishing
www.tpbooks.com

ISBN: 978-1-78716-765-0

Dieses Buch ist auch im E-Book Format erhältlich.
Besuchen Sie uns auch auf www.tpbooks.com oder auf einer der bedeutenden Buchhandlungen online.

WORTSCHATZ DEUTSCH-ÄGYPTISCH-ARABISCH für das Selbststudium

Die Vokabelbücher von T&P Books sind dafür vorgesehen, Ihnen beim Lernen einer Fremdsprache zu helfen, Wörter zu memorieren und zu wiederholen. Der Wortschatz enthält über 3000 häufig gebrauchte, thematisch geordnete Wörter.

- Der Wortschatz enthält die am häufigsten benutzten Wörter
- Eignet sich als Ergänzung zu jedem Sprachkurs
- Erfüllt die Bedürfnisse von Anfängern und fortgeschrittenen Lernenden von Fremdsprachen
- Praktisch für den täglichen Gebrauch, zur Wiederholung und um sich selbst zu testen
- Ermöglicht es, Ihren Wortschatz einzuschätzen

Besondere Merkmale des Wortschatzes:

- Wörter sind entsprechend ihrer Bedeutung und nicht alphabetisch organisiert
- Wörter werden in drei Spalten präsentiert, um das Wiederholen und den Selbstüberprüfungsprozess zu erleichtern
- Wortgruppen werden in kleinere Einheiten aufgespalten, um den Lernprozess zu fördern
- Der Wortschatz bietet eine praktische und einfache Lautschrift jedes Wortes der Fremdsprache

Der Wortschatz hat 101 Themen, einschließlich:

Grundbegriffe, Zahlen, Farben, Monate, Jahreszeiten, Maßeinheiten, Kleidung und Accessoires, Essen und Ernährung, Restaurant, Familienangehörige, Verwandte, Charaktereigenschaften, Empfindungen, Gefühle, Krankheiten, Großstadt, Kleinstadt, Sehenswürdigkeiten, Einkaufen, Geld, Haus, Zuhause, Büro, Import & Export, Marketing, Arbeitssuche, Sport, Ausbildung, Computer, Internet, Werkzeug, Natur, Länder, Nationalitäten und vieles mehr...

INHALT

LEITFADEN FÜR DIE AUSSPRACHE

T&P phonetisches Alphabet	Ägyptisch-Arabisch Beispiel	Deutsch Beispiel
[a]	[ṭaffa] طفّى	schwarz
[ā]	[eχtār] إختار	Zahlwort
[e]	[setta] ستّة	Pferde
[i]	[minā'] ميناء	ihr, finden
[ī]	[ebrīl] إبريل	Wieviel
[o]	[oɣosṭos] أغسطس	orange
[ō]	[ḥalazōn] حلزون	groß
[u]	[kalkutta] كلكتا	kurz
[ū]	[gamūs] جاموس	über
[b]	[bedāya] بداية	Brille
[d]	[saʿāda] سعادة	Detektiv
[ḍ]	[waḍʕ] وضع	pharyngalisiert [d]
[ʒ]	[arʒantīn] الأرجنتين	Regisseur
[ẓ]	[ẓahar] ظهر	pharyngalisiert [z]
[f]	[χafīf] خفيف	fünf
[g]	[bahga] بهجة	gelb
[h]	[ettegāh] إتّجاه	brauchbar
[ḥ]	[ḥabb] حبّ	pharyngalisiert [h]
[y]	[dahaby] ذهبي	Jacke
[k]	[korsy] كرسي	Kalender
[l]	[lammaḥ] لمّح	Juli
[m]	[marṣad] مرصد	Mitte
[n]	[ganūb] جنوب	Vorhang
[p]	[kaputʃino] كابتشينو	Polizei
[q]	[wasaq] وثق	Kobra
[r]	[roḥe] روح	richtig
[s]	[soχreya] سخرية	sein
[ṣ]	[meʿṣam] معصم	pharyngalisiert [s]
[ʃ]	[ʿaʃā'] عشاء	Chance
[t]	[tanūb] تنوب	still
[ṭ]	[χarīṭa] خريطة	pharyngalisiert [t]
[θ]	[mamūθ] ماموث	stimmloser th-Laut
[v]	[vietnām] فيتنام	November
[w]	[waddaʕ] ودّع	schwanger
[χ]	[baχīl] بخيل	billig
[ɣ]	[etɣadda] إتغدّى	Vogel (Berlinerisch)
[z]	[meʿza] معزة	sein

T&P phonetisches Alphabet	Ägyptisch-Arabisch Beispiel	Deutsch Beispiel
[ʿ] (ayn)	**[sabʿa]** سبعة	stimmhafte pharyngale Frikativ
[ʾ] (hamza)	**[saʾal]** سأل	Glottisschlag

ABKÜRZUNGEN
die im Vokabular verwendet werden

Ägyptisch-Arabisch. Abkürzungen

du	-	Plural-Nomen-(doppelt)
f	-	Femininum
m	-	Maskulinum
pl	-	Plural

Deutsch. Abkürzungen

Adj	-	Adjektiv
Adv	-	Adverb
Amtsspr.	-	Amtssprache
f	-	Femininum
f, n	-	Femininum, Neutrum
Fem.	-	Femininum
m	-	Maskulinum
m, f	-	Maskulinum, Femininum
m, n	-	Maskulinum, Neutrum
Mask.	-	Maskulinum
n	-	Neutrum
pl	-	Plural
Sg.	-	Singular
ugs.	-	umgangssprachlich
unzähl.	-	unzählbar
usw.	-	und so weiter
v mod	-	Modalverb
vi	-	intransitives Verb
vi, vt	-	intransitives, transitives Verb
vt	-	transitives Verb
zähl.	-	zählbar
z.B.	-	zum Beispiel

GRUNDBEGRIFFE

1. Pronomen

ich	ana	أنا
du (Mask.)	enta	أنت
du (Fem.)	enty	أنت
er	howwa	هوّ
sie	hiya	هيّ
wir	eḥna	إحنا
ihr	antom	أنتم
sie	hamm	همّ

2. Grüße. Begrüßungen

Hallo! (Amtsspr.)	assalamu ʿalaykum!	السلام عليكم!
Guten Morgen!	ṣabāḥ el χeyr!	صباح الخير!
Guten Tag!	neharak saʿīd!	نهارك سعيد!
Guten Abend!	masāʾ el χeyr!	مساء الخير!
grüßen (vi, vt)	sallem	سلّم
Hallo! (ugs.)	ahlan!	أهلاً!
Gruß (m)	salām (m)	سلام
begrüßen (vt)	sallem ʿala	سلّم على
Wie geht's?	ezzayek?	ازّيك؟
Was gibt es Neues?	aχbārak eyh?	أخبارك ايه؟
Auf Wiedersehen!	maʿ el salāma!	مع السلامة!
Bis bald!	aʃūfak orayeb!	أشوفك قريب!
Lebe wohl! Leben Sie wohl!	maʿ el salāma!	مع السلامة!
sich verabschieden	waddaʿ	ودّع
Tschüs!	bay bay!	باي باي!
Danke!	ʃokran!	شكراً!
Dankeschön!	ʃokran geddan!	شكراً جداً!
Bitte (Antwort)	el ʿafw	العفو
Keine Ursache.	la ʃokr ʿala wāgeb	لا شكر على واجب
Nichts zu danken.	el ʿafw	العفو
Entschuldige!	ʿan eznak!	عن إذنك!
Entschuldigung!	baʿd ezn ḥadretak!	بعد إذن حضرتك!
entschuldigen (vt)	ʿazar	عذر
sich entschuldigen	eʿtazar	أعتذر
Verzeihung!	ana ʾāsef	أنا آسف
Es tut mir leid!	ana ʾāsef!	أنا آسف!

verzeihen (vt)	ʿafa	عفا
bitte (Die Rechnung, ~!)	men faḍlak	من فضلك
Nicht vergessen!	ma tensāʃ!	ما تنساش!
Natürlich!	ṭabʿan!	طبعاً!
Natürlich nicht!	laʾ ṭabʿan!	لأ طبعاً!
Gut! Okay!	ettafaʾna!	إتّفقنا!
Es ist genug!	kefāya!	كفاية!

3. Fragen

Wer?	mīn?	مين؟
Was?	eyh?	ايه؟
Wo?	feyn?	فين؟
Wohin?	feyn?	فين؟
Woher?	meneyn?	منين؟
Wann?	emta	امتى؟
Wozu?	ʿaʃān eyh?	عشان ايه؟
Warum?	leyh?	ليه؟
Wofür?	l eyh?	لـ ليه؟
Wie?	ezāy?	إزاي؟
Welcher?	eyh?	ايه؟
Wem?	le mīn?	لمين؟
Über wen?	ʿan mīn?	عن مين؟
Wovon? (~ sprichst du?)	ʿan eyh?	عن ايه؟
Mit wem?	maʿ mīn?	مع مين؟
Wie viel? Wie viele?	kām?	كام؟
Wessen?	betāʿet mīn?	بتاعت مين؟

4. Präpositionen

mit (Frau ~ Katzen)	maʿ	مع
ohne (~ Dich)	men ɣeyr	من غير
nach (~ London)	ela	إلى
über (~ Geschäfte sprechen)	ʿan	عن
vor (z.B. ~ acht Uhr)	ʾabl	قبل
vor (z.B. ~ dem Haus)	ʾoddām	قدّام
unter (~ dem Schirm)	taḥt	تحت
über (~ dem Meeresspiegel)	foʾe	فوق
auf (~ dem Tisch)	ʿala	على
aus (z.B. ~ München)	men	من
aus (z.B. ~ Porzellan)	men	من
in (~ zwei Tagen)	baʿd	بعد
über (~ zaun)	men ʿala	من على

5. Funktionswörter. Adverbien. Teil 1

Wo?	feyn?	فين؟
hier	hena	هنا
dort	henāk	هناك
irgendwo	fe makānen ma	في مكان ما
nirgends	meʃ fi ayī makān	مش في أيّ مكان
an (bei)	ganb	جنب
am Fenster	ganb el ʃebbāk	جنب الشبّاك
Wohin?	feyn?	فين؟
hierher	hena	هنا
dahin	henāk	هناك
von hier	men hena	من هنا
von da	men henāk	من هناك
nah (Adv)	ʾarīb	قريب
weit, fern (Adv)	beʿīd	بعيد
in der Nähe von ...	ʿand	عند
in der Nähe	ʾarīb	قريب
unweit (~ unseres Hotels)	meʃ beʿīd	مش بعيد
link (Adj)	el ʃemāl	الشمال
links (Adv)	ʿalal ʃemāl	على الشمال
nach links	lel ʃemāl	للشمال
recht (Adj)	el yemīn	اليمين
rechts (Adv)	ʿalal yemīn	على اليمين
nach rechts	lel yemīn	لليمين
vorne (Adv)	ʾoddām	قدّام
Vorder-	amāmy	أمامي
vorwärts	ela el amām	إلى الأمام
hinten (Adv)	waraʾ	وراء
von hinten	men wara	من ورا
rückwärts (Adv)	le wara	لورا
Mitte (f)	wasaṭ (m)	وسط
in der Mitte	fel wasaṭ	في الوسط
seitlich (Adv)	ʿala ganb	على جنب
überall (Adv)	fe kol makān	في كل مكان
ringsherum (Adv)	ḥawaleyn	حوالين
von innen (Adv)	men gowwah	من جوّه
irgendwohin (Adv)	le ʾayī makān	لأي مكان
geradeaus (Adv)	ʿala ṭūl	على طول
zurück (Adv)	rogūʿ	رجوع
irgendwoher (Adv)	men ayī makān	من أيّ مكان
von irgendwo (Adv)	men makānen mā	من مكان ما

erstens	awwalan	أوّلاً
zweitens	sāneyan	ثانياً
drittens	sālesan	ثالثاً
plötzlich (Adv)	fag'a	فجأة
zuerst (Adv)	fel bedāya	في البداية
zum ersten Mal	le 'awwel marra	لأول مرّة
lange vor...	'abl ... be modda ṭawīla	قبل... بمدة طويلة
von Anfang an	men gedīd	من جديد
für immer	lel abad	للأبد
nie (Adv)	abadan	أبداً
wieder (Adv)	tāny	تاني
jetzt (Adv)	delwa'ty	دلوقتي
oft (Adv)	ketīr	كثير
damals (Adv)	wa'taha	وقتها
dringend (Adv)	'ala ṭūl	على طول
gewöhnlich (Adv)	'ādatan	عادةً
übrigens, ...	'ala fekra ...	على فكرة...
möglicherweise (Adv)	momken	ممكن
wahrscheinlich (Adv)	momken	ممكن
vielleicht (Adv)	momken	ممكن
außerdem ...	bel eḍāfa ela ...	بالإضافة إلى...
deshalb ...	'aʃān keda	عشان كده
trotz ...	bel raɣm men ...	بالرغم من...
dank ...	be faḍl ...	بفضل...
was (~ ist denn?)	elly	إللي
das (~ ist alles)	ennu	إنّه
etwas	ḥāga (f)	حاجة
irgendwas	ayī ḥāga (f)	أيّ حاجة
nichts	wala ḥāga	ولا حاجة
wer (~ ist ~?)	elly	إللي
jemand	ḥadd	حد
irgendwer	ḥadd	حدّ
niemand	wala ḥadd	ولا حدّ
nirgends	meʃ le wala makān	مش لـ ولا مكان
niemandes (~ Eigentum)	wala ḥadd	ولا حدّ
jemandes	le ḥadd	لحدّ
so (derart)	geddan	جداً
auch	kamān	كمان
ebenfalls	kamān	كمان

6. Funktionswörter. Adverbien. Teil 2

Warum?	leyh?	ليه؟
aus irgendeinem Grund	le sabeben ma	لسبب ما
weil ...	'aʃān ...	... عشان
zu irgendeinem Zweck	le hadafen mā	لهدف ما
und	w	و

oder	walla	ولّلا
aber	bass	بسّ
für (präp)	ʿaʃān	عشان
zu (~ viele)	ketīr geddan	كتير جدّاً
nur (~ einmal)	bass	بسّ
genau (Adv)	bel ḍabṭ	بالضبط
etwa	naḥw	نحو
ungefähr (Adv)	naḥw	نحو
ungefähr (Adj)	taqrīby	تقريبي
fast	taʾrīban	تقريباً
Übrige (n)	el bāʾy (m)	الباقي
jeder (~ Mann)	koll	كلّ
beliebig (Adj)	ayī	أيّ
viel	ketīr	كتير
viele Menschen	nās ketīr	ناس كتير
alle (wir ~)	koll el nās	كلّ الناس
im Austausch gegen ...	fi moqābel ...	... في مقابل
dafür (Adv)	fe moqābel	في مقابل
mit der Hand (Hand-)	bel yad	باليد
schwerlich (Adv)	bel kād	بالكاد
wahrscheinlich (Adv)	momken	ممكن
absichtlich (Adv)	bel ʾaṣd	بالقصد
zufällig (Adv)	bel ṣodfa	بالصدفة
sehr (Adv)	ʾawy	قويّ
zum Beispiel	masalan	مثلاً
zwischen	beyn	بين
unter (Wir sind ~ Mördern)	wesṭ	وسط
so viele (~ Ideen)	ketīr	كتير
besonders (Adv)	χāṣṣa	خاصّة

ZAHLEN. VERSCHIEDENES

7. Grundzahlen. Teil 1

null	ṣefr	صفر
eins	wāḥed	واحد
eine	waḥda	واحدة
zwei	etneyn	إتنين
drei	talāta	ثلاثة
vier	arbaʿa	أربعة
fünf	χamsa	خمسة
sechs	setta	ستّة
sieben	sabʿa	سبعة
acht	tamanya	ثمانية
neun	tesʿa	تسعة
zehn	ʿaʃara	عشرة
elf	ḥedāʃar	حداشر
zwölf	etnāʃar	إتناشر
dreizehn	talattāʃar	تلاتّاشر
vierzehn	arbaʿtāʃer	أربعتاشر
fünfzehn	χamastāʃer	خمستاشر
sechzehn	settāʃar	ستّاشر
siebzehn	sabaʿtāʃar	سبعتاشر
achtzehn	tamantāʃar	تمنتاشر
neunzehn	tesʿatāʃar	تسعتاشر
zwanzig	ʿeʃrīn	عشرين
einundzwanzig	wāḥed we ʿeʃrīn	واحد وعشرين
zweiundzwanzig	etneyn we ʿeʃrīn	إتنين وعشرين
dreiundzwanzig	talāta we ʿeʃrīn	ثلاثة وعشرين
dreißig	talatīn	ثلاثين
einunddreißig	wāḥed we talatīn	واحد وتلاتين
zweiunddreißig	etneyn we talatīn	إتنين وتلاتين
dreiunddreißig	talāta we talatīn	ثلاثة وثلاثين
vierzig	arbeʿīn	أربعين
einundvierzig	wāḥed we arbeʿīn	واحد وأربعين
zweiundvierzig	etneyn we arbeʿīn	إتنين وأربعين
dreiundvierzig	talāta we arbeʿīn	ثلاثة وأربعين
fünfzig	χamsīn	خمسين
einundfünfzig	wāḥed we χamsīn	واحد وخمسين
zweiundfünfzig	etneyn we χamsīn	إتنين وخمسين
dreiundfünfzig	talāta we χamsīn	ثلاثة وخمسين
sechzig	settīn	ستّين
einundsechzig	wāḥed we settīn	واحد وستّين

zweiundsechzig	etneyn we settīn	إتنين وستّين
dreiundsechzig	talāta we settīn	ثلاثة وستّين
siebzig	sab'īn	سبعين
einundsiebzig	wāḥed we sab'īn	واحد وسبعين
zweiundsiebzig	etneyn we sab'īn	إتنين وسبعين
dreiundsiebzig	talāta we sab'īn	ثلاثة وسبعين
achtzig	tamanīn	ثمانين
einundachtzig	wāḥed we tamanīn	واحد وتمانين
zweiundachtzig	etneyn we tamanīn	إتنين وتمانين
dreiundachtzig	talāta we tamanīn	ثلاثة وثمانين
neunzig	tes'īn	تسعين
einundneunzig	wāḥed we tes'īn	واحد وتسعين
zweiundneunzig	etneyn we tes'īn	إتنين وتسعين
dreiundneunzig	talāta we tes'īn	ثلاثة وتسعين

8. Grundzahlen. Teil 2

einhundert	miya	ميّة
zweihundert	meteyn	ميتين
dreihundert	toltomiya	تلتميّة
vierhundert	rob'omiya	ربعميّة
fünfhundert	χomsomiya	خمسميّة
sechshundert	sotomiya	ستميّة
siebenhundert	sob'omiya	سبعميّة
achthundert	tomnome'a	ثمنمئة
neunhundert	tos'omiya	تسعميّة
eintausend	alf	ألف
zweitausend	alfeyn	ألفين
dreitausend	talat 'ālāf	ثلاث آلاف
zehntausend	'aʃaret 'ālāf	عشرة آلاف
hunderttausend	mīt alf	ميت ألف
Million (f)	millyon (m)	مليون
Milliarde (f)	millyār (m)	مليار

9. Ordnungszahlen

der erste	awwel	أوّل
der zweite	tāny	تاني
der dritte	tālet	تالت
der vierte	rābe'	رابع
der fünfte	χāmes	خامس
der sechste	sādes	سادس
der siebte	sābe'	سابع
der achte	tāmen	تامن
der neunte	tāse'	تاسع
der zehnte	'āʃer	عاشر

FARBEN. MAßEINHEITEN

10. Farben

Farbe (f)	lone (m)	لون
Schattierung (f)	daraget el lōn (m)	درجة اللون
Farbton (m)	ṣabɣet lōn (f)	صبغة اللون
Regenbogen (m)	qose qozaḥ (m)	قوس قزح
weiß	abyaḍ	أبيض
schwarz	aswad	أسود
grau	romādy	رمادي
grün	aχḍar	أخضر
gelb	aṣfar	أصفر
rot	aḥmar	أحمر
blau	azra'	أزرق
hellblau	azra' fāteḥ	أزرق فاتح
rosa	wardy	وردي
orange	bortoqāly	برتقالّي
violett	banaffsegy	بنفسجي
braun	bonny	بنّي
golden	dahaby	ذهبي
silbrig	feḍḍy	فضّي
beige	bɛ:ʒ	بيج
cremefarben	ʿāgy	عاجّي
türkis	fayrūzy	فيروزي
kirschrot	aḥmar karazy	أحمر كرزي
lila	laylaky	ليلكي
himbeerrot	qormozy	قرمزي
hell	fāteḥ	فاتح
dunkel	ɣāme'	غامق
grell	zāhy	زاهي
Farb- (z.B. -stifte)	melawwen	ملوّن
Farb- (z.B. -film)	melawwen	ملوّن
schwarz-weiß	abyaḍ we aswad	أبيض وأسوّد
einfarbig	sāda	سادة
bunt	motaʿadded el alwān	متعددّ الألوان

11. Maßeinheiten

Gewicht (n)	wazn (m)	وزن
Länge (f)	ṭūl (m)	طول

Breite (f)	ʿarḍ (m)	عرض
Höhe (f)	ertefāʿ (m)	إرتفاع
Tiefe (f)	ʿomq (m)	عمق
Volumen (n)	ḥagm (m)	حجم
Fläche (f)	mesāḥa (f)	مساحة
Gramm (n)	gram (m)	جرام
Milligramm (n)	milligrām (m)	ملّيغرام
Kilo (n)	kilogrām (m)	كيلوغرام
Tonne (f)	ṭenn (m)	طنّ
Pfund (n)	reṭl (m)	رطل
Unze (f)	onṣa (f)	أونصة
Meter (m)	metr (m)	متر
Millimeter (m)	millimetr (m)	ملّيمتر
Zentimeter (m)	santimetr (m)	سنتيمتر
Kilometer (m)	kilometr (m)	كيلومتر
Meile (f)	mīl (m)	ميل
Zoll (m)	boṣa (f)	بوصة
Fuß (m)	ʾadam (m)	قدم
Yard (n)	yarda (f)	ياردة
Quadratmeter (m)	metr morabbaʿ (m)	متر مربّع
Hektar (n)	hektār (m)	هكتار
Liter (m)	litre (m)	لتر
Grad (m)	daraga (f)	درجة
Volt (n)	volt (m)	فولت
Ampere (n)	ambere (m)	أمبير
Pferdestärke (f)	ḥoṣān (m)	حصان
Anzahl (f)	kemiya (f)	كميّة
etwas ...	ʃewayet ...	شويّة...
Hälfte (f)	noṣṣ (m)	نصّ
Dutzend (n)	desta (f)	دستة
Stück (n)	waḥda (f)	وحدة
Größe (f)	ḥagm (m)	حجم
Maßstab (m)	meʾyās (m)	مقياس
minimal (Adj)	el adna	الأدنى
der kleinste	el aṣɣar	الأصغر
mittler, mittel-	motawasseṭ	متوسّط
maximal (Adj)	el aqṣa	الأقصى
der größte	el akbar	الأكبر

12. Behälter

Glas (Einmachglas)	barṭamān (m)	برطمان
Dose (z.B. Bierdose)	kanz (m)	كانز
Eimer (m)	gardal (m)	جردل
Fass (n), Tonne (f)	barmīl (m)	برميل
Waschschüssel (n)	ḥoḍe lel ɣasīl (m)	حوض للغسيل

Tank (m)	χazzān (m)	خزّان
Flachmann (m)	zamzamiya (f)	زمزميّة
Kanister (m)	ʒerken (m)	جركن
Zisterne (f)	χazzān (m)	خزّان
Kaffeebecher (m)	mugg (m)	ماجّ
Tasse (f)	fengān (m)	فنجان
Untertasse (f)	ṭaba' fengān (m)	طبق فنجان
Wasserglas (n)	kobbāya (f)	كوبّاية
Weinglas (n)	kāsa (f)	كاسة
Kochtopf (m)	ḥalla (f)	حلّة
Flasche (f)	ezāza (f)	إزازة
Flaschenhals (m)	'onq (m)	عنق
Karaffe (f)	dawra' zogāgy (m)	دورّق زجاجي
Tonkrug (m)	ebrī' (m)	إبريق
Gefäß (n)	we'ā' (m)	وعاء
Tontopf (m)	aṣīṣ (m)	أصيص
Vase (f)	vāza (f)	فازة
Flakon (n)	ezāza (f)	إزازة
Fläschchen (n)	ezāza (f)	إزازة
Tube (z.B. Zahnpasta)	anbūba (f)	أنبوبة
Sack (~ Kartoffeln)	kīs (m)	كيس
Tüte (z.B. Plastiktüte)	kīs (m)	كيس
Schachtel (f) (z.B. Zigaretten~)	'elba (f)	علبة
Karton (z.B. Schuhkarton)	'elba (f)	علبة
Kiste (z.B. Bananenkiste)	ṣandū' (m)	صندوق
Korb (m)	salla (f)	سلّة

DIE WICHTIGSTEN VERBEN

13. Die wichtigsten Verben. Teil 1

abbiegen (nach links ~)	ḥād	حاد
abschicken (vt)	arsal	أرسل
ändern (vt)	ɣayar	غيّر
andeuten (vt)	edda lamḥa	إدّى لمحة
Angst haben	χāf	خاف
ankommen (vi)	weṣel	وصل
antworten (vi)	gāwab	جاوب
arbeiten (vi)	eʃtaɣal	إشتغل
auf ... zählen	e'tamad 'ala ...	إعتمد على...
aufbewahren (vt)	ḥafaẓ	حفظ
aufschreiben (vt)	katab	كتب
ausgehen (vi)	χarag	خرج
aussprechen (vt)	naṭa'	نطق
bedauern (vt)	nedem	ندم
bedeuten (vt)	'aṣad	قصد
beenden (vt)	χallaṣ	خلّص
befehlen (Milit.)	amar	أمر
befreien (Stadt usw.)	ḥarrar	حرّر
beginnen (vt)	bada'	بدأ
bemerken (vt)	lāḥaẓ	لاحظ
beobachten (vt)	rāqab	راقب
berühren (vt)	lamas	لمس
besitzen (vt)	malak	ملك
besprechen (vt)	nā'eʃ	ناقش
bestehen auf	aṣarr	أصرّ
bestellen (im Restaurant)	ṭalab	طلب
bestrafen (vt)	'āqab	عاقب
beten (vi)	ṣalla	صلّى
bitten (vt)	ṭalab	طلب
brechen (vt)	kasar	كسر
denken (vi, vt)	fakkar	فكّر
drohen (vi)	hadded	هدّد
Durst haben	'āyez aʃrab	عايز أشرب
einladen (vt)	'azam	عزم
einstellen (vt)	baṭṭal	بطّل
einwenden (vt)	e'taraḍ	إعترض
empfehlen (vt)	naṣaḥ	نصح
erklären (vt)	ʃaraḥ	شرح
erlauben (vt)	samaḥ	سمح

ermorden (vt)	'atal	قتل
erwähnen (vt)	zakar	ذكر
existieren (vi)	kān mawgūd	كان موّجود

14. Die wichtigsten Verben. Teil 2

fallen (vi)	we'e'	وقع
fallen lassen	wa''a'	وقّع
fangen (vt)	mesek	مسك
finden (vt)	la'a	لقى
fliegen (vi)	ṭār	طار
folgen (Folge mir!)	tatabba'	تتبّع
fortsetzen (vt)	wāṣel	واصل
fragen (vt)	sa'al	سأل
frühstücken (vi)	feṭer	فطر
geben (vt)	edda	إدّى
gefallen (vi)	'agab	عجب
gehen (zu Fuß gehen)	meʃy	مشي
gehören (vi)	χaṣṣ	خصّ
graben (vt)	ḥafar	حفر
haben (vt)	malak	ملك
helfen (vi)	sā'ed	ساعد
herabsteigen (vi)	nezel	نزل
hereinkommen (vi)	daχal	دخل
hoffen (vi)	tamanna	تمنّى
hören (vt)	seme'	سمع
hungrig sein	'āyez 'ākol	عايز آكل
informieren (vt)	'āl ly	قال لي
jagen (vi)	eṣṭād	اصطاد
kennen (vt)	'eref	عرف
klagen (vi)	ʃaka	شكا
können (v mod)	'eder	قدر
kontrollieren (vt)	et-ḥakkem	إتحكّم
kosten (vt)	kallef	كلّف
kränken (vt)	ahān	أهان
lächeln (vi)	ebtasam	إبتسم
lachen (vi)	ḍeḥek	ضحك
laufen (vi)	gery	جري
leiten (Betrieb usw.)	adār	أدار
lernen (vt)	daras	درس
lesen (vi, vt)	'ara	قرأ
lieben (vt)	ḥabb	حبّ
machen (vt)	'amal	عمل
mieten (Haus usw.)	est'gar	إستأجر
nehmen (vt)	aχad	أخد
noch einmal sagen	karrar	كرّر

nötig sein	maṭlūb	مطلوب
öffnen (vt)	fataḥ	فتح

15. Die wichtigsten Verben. Teil 3

planen (vt)	χaṭṭeṭ	خطّط
prahlen (vi)	tabāha	تباهى
raten (vt)	naṣaḥ	نصح
rechnen (vt)	'add	عدّ
reservieren (vt)	ḥagaz	حجز
retten (vt)	anqaz	أنقذ
richtig raten (vt)	χammen	خمّن
rufen (um Hilfe ~)	estaɣās	إستغاث
sagen (vt)	'āl	قال
schaffen (Etwas Neues zu ~)	'amal	عمل
schelten (vt)	wabbeχ	وبّخ
schießen (vi)	ḍarab bel nār	ضرب بالنار
schmücken (vt)	zayen	زيّن
schreiben (vi, vt)	katab	كتب
schreien (vi)	ṣarraχ	صرّخ
schweigen (vi)	seket	سكت
schwimmen (vi)	'ām	عام
schwimmen gehen	sebeḥ	سبح
sehen (vi, vt)	ʃāf	شاف
sein (vi)	kān	كان
sich beeilen	esta'gel	إستعجل
sich entschuldigen	e'tazar	إعتذر
sich interessieren	ehtamm be	إهتمّ بـ
sich irren	ɣeleṭ	غلط
sich setzen	'a'ad	قعد
sich weigern	rafaḍ	رفض
spielen (vi, vt)	le'eb	لعب
sprechen (vi)	kallem	كلّم
staunen (vi)	etfāge'	إتفاجئ
stehlen (vt)	sara'	سرق
stoppen (vt)	wa''af	وقّف
suchen (vt)	dawwar 'ala	دوّر على

16. Die wichtigsten Verben. Teil 4

täuschen (vt)	χada'	خدع
teilnehmen (vi)	ʃārek	شارك
übersetzen (Buch usw.)	targem	ترجم
unterschätzen (vt)	estaχaff	إستخفّ
unterschreiben (vt)	waqqa'	وقّع
vereinigen (vt)	waḥḥed	وحّد

vergessen (vt)	nesy	نسي
vergleichen (vt)	qāran	قارن
verkaufen (vt)	bā'	باع
verlangen (vt)	ṭāleb	طالب
versäumen (vt)	ɣāb	غاب
versprechen (vt)	wa'ad	وعد
verstecken (vt)	χabba	خبّأ
verstehen (vt)	fehem	فهم
versuchen (vt)	ḥāwel	حاول
verteidigen (vt)	dāfa'	دافع
vertrauen (vi)	wasaq	وثق
verwechseln (vt)	etlaχbaṭ	إتلخبط
verzeihen (vt)	'afa	عفا
voraussehen (vt)	tanabba'	تنبّأ
vorschlagen (vt)	'araḍ	عرض
vorziehen (vt)	faḍḍal	فضّل
wählen (vt)	eχtār	إختار
warnen (vt)	ḥazzar	حذّر
warten (vi)	estanna	إستنّى
weinen (vi)	baka	بكى
wissen (vt)	'eref	عرف
Witz machen	hazzar	هزّر
wollen (vt)	'āyez	عايز
zahlen (vt)	dafa'	دفع
zeigen (jemandem etwas)	warra	ورّى
zu Abend essen	et'asʃa	إتعشّى
zu Mittag essen	etɣadda	إتغدّى
zubereiten (vt)	ḥaḍḍar	حضّر
zustimmen (vi)	ettafa'	إتّفق
zweifeln (vi)	ʃakk fe	شكّ في

ZEIT. KALENDER

17. Wochentage

Montag (m)	el etneyn (m)	الإتنين
Dienstag (m)	el talāt (m)	التلات
Mittwoch (m)	el arbe'ā' (m)	الأربعاء
Donnerstag (m)	el χamīs (m)	الخميس
Freitag (m)	el gom'a (m)	الجمعة
Samstag (m)	el sabt (m)	السبت
Sonntag (m)	el aḥad (m)	الأحد
heute	el naharda	النهارده
morgen	bokra	بكرة
übermorgen	ba'd bokra (m)	بعد بكرة
gestern	embāreḥ	امبارح
vorgestern	awwel embāreḥ	أوّل امبارح
Tag (m)	yome (m)	يوم
Arbeitstag (m)	yome 'amal (m)	يوم عمل
Feiertag (m)	agāza rasmiya (f)	أجازة رسميّة
freier Tag (m)	yome el agāza (m)	يوم أجازة
Wochenende (n)	nehāyet el osbū' (f)	نهاية الأسبوع
den ganzen Tag	ṭūl el yome	طول اليوم
am nächsten Tag	fel yome elly ba'dīh	في اليوم اللي بعديه
zwei Tage vorher	men yomeyn	من يومين
am Vortag	fel yome elly 'ablo	في اليوم اللي قبله
täglich (Adj)	yawmy	يومي
täglich (Adv)	yawmiyan	يومياً
Woche (f)	osbū' (m)	أسبوع
letzte Woche	el esbū' elly fāt	الأسبوع اللي فات
nächste Woche	el esbū' elly gayī	الأسبوع اللي جاي
wöchentlich (Adj)	osbū'y	أسبوعي
wöchentlich (Adv)	osbū'iyan	أسبوعياً
zweimal pro Woche	marreteyn fel osbū'	مرّتين في الأسبوع
jeden Dienstag	koll solasā'	كلّ ثلاثاء

18. Stunden. Tag und Nacht

Morgen (m)	ṣobḥ (m)	صبح
morgens	fel ṣobḥ	في الصبح
Mittag (m)	ẓohr (m)	ظهر
nachmittags	ba'd el ḍohr	بعد الظهر
Abend (m)	leyl (m)	ليل
abends	bel leyl	بالليل

Nacht (f)	leyl (m)	ليل
nachts	bel leyl	بالليل
Mitternacht (f)	noṣṣ el leyl (m)	نصّ الليل
Sekunde (f)	sanya (f)	ثانية
Minute (f)	de'ī'a (f)	دقيقة
Stunde (f)	sā'a (f)	ساعة
eine halbe Stunde	noṣṣ sā'a (m)	نصّ ساعة
Viertelstunde (f)	rob' sā'a (f)	ربع ساعة
fünfzehn Minuten	χamastāʃer de'ī'a	خمستاشر دقيقة
Tag und Nacht	arba'a we 'eʃrīn sā'a	أربعة وعشرين ساعة
Sonnenaufgang (m)	ʃorū' el ʃams (m)	شروق الشمس
Morgendämmerung (f)	fagr (m)	فجر
früher Morgen (m)	ṣobḥ badry (m)	صبح بدري
Sonnenuntergang (m)	ɣorūb el ʃams (m)	غروب الشمس
früh am Morgen	el ṣobḥ badry	الصبح بدري
heute Morgen	el naharda el ṣobḥ	النهاردة الصبح
morgen früh	bokra el ṣobḥ	بكرة الصبح
heute Mittag	el naharda ba'd el ḍohr	النهاردة بعد الظهر
nachmittags	ba'd el ḍohr	بعد الظهر
morgen Nachmittag	bokra ba'd el ḍohr	بكرة بعد الظهر
heute Abend	el naharda bel leyl	النهاردة بالليل
morgen Abend	bokra bel leyl	بكرة بالليل
Punkt drei Uhr	es sā'a talāta bel ḍabṭ	الساعة تلاتة بالضبط
gegen vier Uhr	es sā'a arba'a ta'rīban	الساعة أربعة تقريبا
um zwölf Uhr	ḥatt es sā'a etnāʃar	حتى الساعة إتناشر
in zwanzig Minuten	fe χelāl 'eʃrīn de'ee'a	في خلال عشرين دقيقة
in einer Stunde	fe χelāl sā'a	في خلال ساعة
rechtzeitig (Adv)	fe maw'edo	في موعده
Viertel vor ...	ella rob'	إلّا ربع
innerhalb einer Stunde	χelāl sā'a	خلال ساعة
alle fünfzehn Minuten	koll rob' sā'a	كلّ ربع ساعة
Tag und Nacht	leyl nahār	ليل نهار

19. Monate. Jahreszeiten

Januar (m)	yanāyer (m)	يناير
Februar (m)	febrāyer (m)	فبراير
März (m)	māres (m)	مارس
April (m)	ebrīl (m)	إبريل
Mai (m)	māyo (m)	مايو
Juni (m)	yonyo (m)	يونيو
Juli (m)	yolyo (m)	يوليو
August (m)	oɣosṭos (m)	أغسطس
September (m)	sebtamber (m)	سبتمبر
Oktober (m)	oktober (m)	أكتوبر
November (m)	november (m)	نوفمبر

Dezember (m)	desember (m)	ديسمبر
Frühling (m)	rabee' (m)	ربيع
im Frühling	fel rabee'	في الربيع
Frühlings-	rabee'y	ربيعي
Sommer (m)	ṣeyf (m)	صيف
im Sommer	fel ṣeyf	في الصيف
Sommer-	ṣeyfy	صيفي
Herbst (m)	χarīf (m)	خريف
im Herbst	fel χarīf	في الخريف
Herbst-	χarīfy	خريفي
Winter (m)	ʃetāʾ (m)	شتاء
im Winter	fel ʃetāʾ	في الشتاء
Winter-	ʃetwy	شتوّي
Monat (m)	ʃahr (m)	شهر
in diesem Monat	fel ʃahr da	في الشهر ده
nächsten Monat	el ʃahr el gayī	الشهر الجايّ
letzten Monat	el ʃahr elly fāt	الشهر اللي فات
vor einem Monat	men ʃahr	من شهر
über eine Monat	ba'd ʃahr	بعد شهر
in zwei Monaten	ba'd ʃahreyn	بعد شهرين
den ganzen Monat	ṭawāl el ʃahr	طوال الشهر
monatlich (Adj)	ʃahry	شهري
monatlich (Adv)	ʃahry	شهري
jeden Monat	koll ʃahr	كلّ شهر
zweimal pro Monat	marreteyn fel ʃahr	مرّتين في الشهر
Jahr (n)	sana (f)	سنة
dieses Jahr	el sana di	السنة دي
nächstes Jahr	el sana el gaya	السنة الجايّة
voriges Jahr	el sana elly fātet	السنة اللي فاتت
vor einem Jahr	men sana	من سنة
in einem Jahr	ba'd sana	بعد سنة
in zwei Jahren	ba'd sanateyn	بعد سنتين
das ganze Jahr	ṭūl el sana	طول السنة
jedes Jahr	koll sana	كلّ سنة
jährlich (Adj)	sanawy	سنوّي
jährlich (Adv)	koll sana	كلّ سنة
viermal pro Jahr	arba' marrāt fel sana	أربع مرات في السنة
Datum (heutige ~)	tarīχ (m)	تاريخ
Datum (Geburts-)	tarīχ (m)	تاريخ
Kalender (m)	natīga (f)	نتيجة
ein halbes Jahr	noṣṣ sana	نصّ سنة
Halbjahr (n)	settet aʃ-hor (f)	ستّة أشهر
Saison (f)	faṣl (m)	فصل
Jahrhundert (n)	qarn (m)	قرن

REISEN. HOTEL

20. Ausflug. Reisen

Tourismus (m)	seyāḥa (f)	سياحة
Tourist (m)	sā'eḥ (m)	سائح
Reise (f)	reḥla (f)	رحلة
Abenteuer (n)	moɣamra (f)	مغامرة
Fahrt (f)	reḥla (f)	رحلة
Urlaub (m)	agāza (f)	أجازة
auf Urlaub sein	kān fi agāza	كان في أجازة
Erholung (f)	estrāḥa (f)	إستراحة
Zug (m)	qeṭār, 'aṭṭr (m)	قطار
mit dem Zug	bel qeṭār - bel aṭṭr	بالقطار
Flugzeug (n)	ṭayāra (f)	طيّارة
mit dem Flugzeug	bel ṭayāra	بالطيّارة
mit dem Auto	bel sayāra	بالسيّارة
mit dem Schiff	bel safīna	بالسفينة
Gepäck (n)	el ʃonaṭ (pl)	الشنط
Koffer (m)	ʃanṭa (f)	شنطة
Gepäckwagen (m)	'arabet ʃonaṭ (f)	عربة شنط
Pass (m)	basbore (m)	باسبور
Visum (n)	ta'ʃira (f)	تأشيرة
Fahrkarte (f)	tazkara (f)	تذكرة
Flugticket (n)	tazkara ṭayarān (f)	تذكرة طيران
Reiseführer (m)	dalīl (m)	دليل
Landkarte (f)	xarīṭa (f)	خريطة
Gegend (f)	mante'a (f)	منطقة
Ort (wunderbarer ~)	makān (m)	مكان
Exotika (pl)	ɣarāba (f)	غرابة
exotisch	ɣarīb	غريب
erstaunlich (Adj)	mod-heʃ	مدهش
Gruppe (f)	magmū'a (f)	مجموعة
Ausflug (m)	gawla (f)	جولة
Reiseleiter (m)	morʃed (m)	مرشد

21. Hotel

Hotel (n)	fondo' (m)	فندق
Motel (n)	motel (m)	موتيل
drei Sterne	talat nogūm	ثلاث نجوم

fünf Sterne	χamas nogūm	خمس نجوم
absteigen (vi)	nezel	نزل
Hotelzimmer (n)	oḍa (f)	أوضة
Einzelzimmer (n)	owḍa le ʃaχṣ wāḥed (f)	أوضة لشخص واحد
Zweibettzimmer (n)	oḍa le ʃaχṣeyn (f)	أوضة لشخصين
reservieren (vt)	ḥagaz owḍa	حجز أوضة
Halbpension (f)	wagbeteyn fel yome (du)	وجبتين في اليوم
Vollpension (f)	talat wagabāt fel yome	ثلاث وجبات في اليوم
mit Bad	bel banyo	بـ البانيو
mit Dusche	bel doʃ	بالدوش
Satellitenfernsehen (n)	televizion be qanawāt faḍā'iya (m)	تليفزيون بقنوات فضائية
Klimaanlage (f)	takyīf (m)	تكييف
Handtuch (n)	fūṭa (f)	فوطة
Schlüssel (m)	meftāḥ (m)	مفتاح
Verwalter (m)	modīr (m)	مدير
Zimmermädchen (n)	ʿāmela tandīf γoraf (f)	عاملة تنظيف غرف
Träger (m)	ʃayāl (m)	شيّال
Portier (m)	bawwāb (m)	بوّاب
Restaurant (n)	maṭʿam (m)	مطعم
Bar (f)	bār (m)	بار
Frühstück (n)	foṭūr (m)	فطور
Abendessen (n)	ʿaʃā' (m)	عشاء
Buffet (n)	bofeyh (m)	بوفيه
Foyer (n)	rad-ha (f)	ردهة
Aufzug (m), Fahrstuhl (m)	asanseyr (m)	اسانسير
BITTE NICHT STÖREN!	nargu ʿadam el ezʿāg	نرجو عدم الإزعاج
RAUCHEN VERBOTEN!	mamnūʿ el tadχīn	ممنوع التدخين

22. Sehenswürdigkeiten

Denkmal (n)	temsāl (m)	تمثال
Festung (f)	'alʿa (f)	قلعة
Palast (m)	'aṣr (m)	قصر
Schloss (n)	'alʿa (f)	قلعة
Turm (m)	borg (m)	برج
Mausoleum (n)	ḍarīḥ (m)	ضريح
Architektur (f)	handasa meʿmāriya (f)	هندسة معمارية
mittelalterlich	men el qorūn el wosṭa	من القرون الوسطى
alt (antik)	ʿatīq	عتيق
national	waṭany	وطني
berühmt	maʃ-hūr	مشهور
Tourist (m)	sā'eḥ (m)	سائح
Fremdenführer (m)	morʃed (m)	مرشد
Ausflug (m)	gawla (f)	جولة

zeigen (vt)	warra	ورّى
erzählen (vt)	'āl	قال
finden (vt)	la'a	لقى
sich verlieren	ḍā'	ضاع
Karte (U-Bahn ~)	χarīṭa (f)	خريطة
Karte (Stadt-)	χarīṭa (f)	خريطة
Souvenir (n)	tezkār (m)	تذكار
Souvenirladen (m)	maḥal hadāya (m)	محل هدايا
fotografieren (vt)	ṣawwar	صوّر
sich fotografieren	etṣawwar	إتصوّر

TRANSPORT

23. Flughafen

Flughafen (m)	maṭār (m)	مطار
Flugzeug (n)	ṭayāra (f)	طيّارة
Fluggesellschaft (f)	ʃerket ṭayarān (f)	شركة طيران
Fluglotse (m)	marākeb el ḥaraka el gawiya (m)	مراكب الحركة الجويّة
Abflug (m)	moɣadra (f)	مغادرة
Ankunft (f)	woṣūl (m)	وصول
anfliegen (vi)	weṣel	وصل
Abflugzeit (f)	wa't el moɣadra (m)	وقت المغادرة
Ankunftszeit (f)	wa't el woṣūl (m)	وقت الوصول
sich verspäten	ta'akχar	تأخّر
Abflugverspätung (f)	ta'aχor el reḥla (m)	تأخّر الرحلة
Anzeigetafel (f)	lawḥet el ma'lomāt (f)	لوحة المعلومات
Information (f)	este'lamāt (pl)	إستعلامات
ankündigen (vt)	a'lan	أعلن
Flug (m)	reḥlet ṭayarān (f)	رحلة طيران
Zollamt (n)	gamārek (pl)	جمارك
Zollbeamter (m)	mowazzaf el gamārek (m)	موظّف الجمارك
Zolldeklaration (f)	taṣrīḥ gomroky (m)	تصريح جمركي
ausfüllen (vt)	mala	ملا
die Zollerklärung ausfüllen	mala el taṣrīḥ	ملأ التصريح
Passkontrolle (f)	taftīʃ el gawazāt (m)	تفتيش الجوازات
Gepäck (n)	el ʃonaṭ (pl)	الشنط
Handgepäck (n)	ʃonaṭ el yad (pl)	شنط اليد
Kofferkuli (m)	'arabet ʃonaṭ (f)	عربة شنط
Landung (f)	hobūṭ (m)	هبوط
Landebahn (f)	mamarr el hobūṭ (m)	ممرّ الهبوط
landen (vi)	habaṭ	هبط
Fluggasttreppe (f)	sellem el ṭayāra (m)	سلّم الطيّارة
Check-in (n)	tasgīl (m)	تسجيل
Check-in-Schalter (m)	makān tasgīl (m)	مكان تسجيل
sich registrieren lassen	saggel	سجّل
Bordkarte (f)	beṭāqet el rokūb (f)	بطاقة الركوب
Abfluggate (n)	bawwābet el moɣadra (f)	بوّابة المغادرة
Transit (m)	tranzīt (m)	ترانزيت
warten (vi)	estanna	إستنّى

Wartesaal (m)	ṣālet el moɣadra (f)	صالة المغادرة
begleiten (vt)	wadda'	ودّع
sich verabschieden	wadda'	ودّع

24. Flugzeug

Flugzeug (n)	ṭayāra (f)	طيّارة
Flugticket (n)	tazkara ṭayarān (f)	تذكرة طيران
Fluggesellschaft (f)	ʃerket ṭayarān (f)	شركة طيران
Flughafen (m)	maṭār (m)	مطار
Überschall-	χāreq lel ṣote	خارق للصوت
Flugkapitän (m)	kabten (m)	كابتن
Besatzung (f)	ṭa'm (m)	طقم
Pilot (m)	ṭayār (m)	طيّار
Flugbegleiterin (f)	moḍīfet ṭayarān (f)	مضيفة طيران
Steuermann (m)	mallāḥ (m)	ملّاح
Flügel (pl)	agneḥa (pl)	أجنحة
Schwanz (m)	deyl (m)	ذيل
Kabine (f)	kabīna (f)	كابينة
Motor (m)	motore (m)	موتور
Fahrgestell (n)	'agalāt el hobūṭ (pl)	عجلات الهبوط
Turbine (f)	torbīna (f)	توربينة
Propeller (m)	marwaḥa (f)	مروّحة
Flugschreiber (m)	mosaggel el ṭayarān (m)	مسجّل الطيران
Steuerrad (n)	moqawwed el ṭayāra (m)	مقوّد الطيّارة
Treibstoff (m)	woqūd (m)	وقود
Sicherheitskarte (f)	beṭā'et el salāma (f)	بطاقة السلامة
Sauerstoffmaske (f)	mask el oksyʒīn (m)	ماسك الاوكسيجين
Uniform (f)	zayī muwaḥḥad (m)	زيّ موحّد
Rettungsweste (f)	sotret nagah (f)	سترة نجاة
Fallschirm (m)	baraʃot (m)	باراشوت
Abflug, Start (m)	eqlā' (m)	إقلاع
starten (vi)	aqla'et	أقلعت
Startbahn (f)	modarrag el ṭa'erāṭ (m)	مدرّج الطائرات
Sicht (f)	ro'ya (f)	رؤية
Flug (m)	ṭayarān (m)	طيران
Höhe (f)	ertefā' (m)	إرتفاع
Luftloch (n)	geyb hawā'y (m)	جيب هوائي
Platz (m)	meq'ad (m)	مقعد
Kopfhörer (m)	samma'āt ra'siya (pl)	سمّاعات رأسية
Klapptisch (m)	ṣeniya qabela lel ṭayī (f)	صينية قابلة للطيّ
Bullauge (n)	ʃebbāk el ṭayāra (m)	شبّاك الطيّارة
Durchgang (m)	mamarr (m)	ممرّ

25. Zug

Zug (m)	qeṭār, 'aṭṭr (m)	قطار
elektrischer Zug (m)	qeṭār rokkāb (m)	قطار ركّاب
Schnellzug (m)	qeṭār saree' (m)	قطار سريع
Diesellok (f)	qāṭeret dīzel (f)	قاطرة ديزل
Dampflok (f)	qāṭera boχariya (f)	قاطرة بخاريّة
Personenwagen (m)	'araba (f)	عربة
Speisewagen (m)	'arabet el ṭa'ām (f)	عربة الطعام
Schienen (pl)	qoḍbān (pl)	قضبان
Eisenbahn (f)	sekka ḥadīdiya (f)	سكّة حديديّة
Bahnschwelle (f)	'āreḍa sekket ḥadīd (f)	عارضة سكّة الحديد
Bahnsteig (m)	raṣīf (m)	رصيف
Gleis (n)	χaṭṭ (m)	خطّ
Eisenbahnsignal (n)	semafore (m)	سيمافور
Station (f)	maḥaṭṭa (f)	محطّة
Lokomotivführer (m)	sawwā' (m)	سوّاق
Träger (m)	ʃayāl (m)	شيّال
Schaffner (m)	mas'ūl 'arabet el qeṭār (m)	مسؤول عربة القطار
Fahrgast (m)	rākeb (m)	راكب
Fahrkartenkontrolleur (m)	kamsary (m)	كمسري
Flur (m)	mamarr (m)	ممرّ
Notbremse (f)	farāmel el ṭawāre' (pl)	فرامل الطوارئ
Abteil (n)	ɣorfa (f)	غرفة
Liegeplatz (m), Schlafkoje (f)	serīr (m)	سرير
oberer Liegeplatz (m)	serīr 'olwy (m)	سرير علويّ
unterer Liegeplatz (m)	serīr sofly (m)	سرير سفلي
Bettwäsche (f)	aɣṭeyet el serīr (pl)	أغطيّة السرير
Fahrkarte (f)	tazkara (f)	تذكرة
Fahrplan (m)	gadwal (m)	جدوّل
Anzeigetafel (f)	lawḥet ma'lomāt (f)	لوحة معلومات
abfahren (der Zug)	ɣādar	غادر
Abfahrt (f)	moɣadra (f)	مغادرة
ankommen (der Zug)	weṣel	وصل
Ankunft (f)	woṣūl (m)	وصول
mit dem Zug kommen	weṣel bel qeṭār	وصل بالقطار
in den Zug einsteigen	rekeb el qeṭār	ركب القطار
aus dem Zug aussteigen	nezel men el qeṭār	نزل من القطار
Zugunglück (n)	ḥeṭām qeṭār (m)	حطام قطار
entgleisen (vi)	χarag 'an χaṭṭ sīru	خرج عن خطّ سيره
Dampflok (f)	qāṭera boχariya (f)	قاطرة بخاريّة
Heizer (m)	'aṭʃagy (m)	عطشجي
Feuerbüchse (f)	forn el moḥarrek (m)	فرن المحرّك
Kohle (f)	faḥm (m)	فحم

26. Schiff

Schiff (n)	safīna (f)	سفينة
Fahrzeug (n)	safīna (f)	سفينة
Dampfer (m)	baχera (f)	باخرة
Motorschiff (n)	baχera nahriya (f)	باخرة نهرية
Kreuzfahrtschiff (n)	safīna seyaḥiya (f)	سفينة سياحيّة
Kreuzer (m)	ṭarrād safīna baḥariya (m)	طرّاد سفينة بحريّة
Jacht (f)	yaχt (m)	يخت
Schlepper (m)	qāṭera baḥariya (f)	قاطرة بحريّة
Lastkahn (m)	ṣandal (m)	صندل
Fähre (f)	ʿabbāra (f)	عبّارة
Segelschiff (n)	safīna ʃeraʿiya (m)	سفينة شراعيّة
Brigantine (f)	markeb ʃerāʿy (m)	مركب شراعي
Eisbrecher (m)	moḥaṭṭemet galīd (f)	محطّمة جليد
U-Boot (n)	ɣawwāṣa (f)	غوّاصة
Boot (n)	markeb (m)	مركب
Dingi (n), Beiboot (n)	zawraʾ (m)	زورق
Rettungsboot (n)	qāreb nagah (m)	قارب نجاة
Motorboot (n)	lunʃ (m)	لنش
Kapitän (m)	ʾobṭān (m)	قبطان
Matrose (m)	baḥḥār (m)	بحّار
Seemann (m)	baḥḥār (m)	بحّار
Besatzung (f)	ṭāqem (m)	طاقم
Bootsmann (m)	rabbān (m)	ربّان
Schiffsjunge (m)	ṣaby el safīna (m)	صبي السفينة
Schiffskoch (m)	ṭabbāχ (m)	طبّاخ
Schiffsarzt (m)	ṭabīb el safīna (m)	طبيب السفينة
Deck (n)	saṭ-ḥ el safīna (m)	سطح السفينة
Mast (m)	sāreya (f)	سارية
Segel (n)	ʃerāʿ (m)	شراع
Schiffsraum (m)	ʿanbar (m)	عنبر
Bug (m)	moʾaddema (m)	مقدّمة
Heck (n)	moʾaχeret el safīna (f)	مؤخّرة السفينة
Ruder (n)	megdāf (m)	مجذاف
Schraube (f)	marwaḥa (f)	مروّحة
Kajüte (f)	kabīna (f)	كابينة
Messe (f)	ɣorfet el ṭaʿām wel rāḥa (f)	غرفة الطعام والراحة
Maschinenraum (m)	qesm el ʾālāt (m)	قسم الآلات
Kommandobrücke (f)	borg el qeyāda (m)	برج القيادة
Funkraum (m)	ɣorfet el lāselky (f)	غرفة اللاسلكي
Radiowelle (f)	mouga (f)	موجة
Schiffstagebuch (n)	segel el safīna (m)	سجل السفينة
Fernrohr (n)	monzār (m)	منظار
Glocke (f)	garas (m)	جرس

Fahne (f)	‘alam (m)	علم
Seil (n)	ḥabl (m)	حبل
Knoten (m)	‘o’da (f)	عقدة
Geländer (n)	drabzīn saṭ-ḥ el safīna (m)	درابزين سطح السفينة
Treppe (f)	sellem (m)	سلّم
Anker (m)	marsāh (f)	مرساة
den Anker lichten	rafa‘ morsah	رفع مرساة
Anker werfen	rasa	رسا
Ankerkette (f)	selselet morsah (f)	سلسلة مرساة
Hafen (m)	minā’ (m)	ميناء
Anlegestelle (f)	marsa (m)	مرسى
anlegen (vi)	rasa	رسا
abstoßen (vt)	aqla‘	أقلع
Reise (f)	reḥla (f)	رحلة
Kreuzfahrt (f)	reḥla baḥariya (f)	رحلة بحريّة
Kurs (m), Richtung (f)	masār (m)	مسار
Reiseroute (f)	ṭarī’ (m)	طريق
Fahrwasser (n)	magra melāḥy (m)	مجرى ملاحيّ
Untiefe (f)	meyāh ḍaḥla (f)	مياه ضحلة
stranden (vi)	ganaḥ	جنح
Sturm (m)	‘āṣefa (f)	عاصفة
Signal (n)	eʃara (f)	إشارة
untergehen (vi)	ɣere’	غرق
Mann über Bord!	sa’aṭ rāgil min el sefīna!	سقط راجل من السفينة!
SOS	nedā’ eɣāsa (m)	نداء إغاثة
Rettungsring (m)	ṭo’e nagah (m)	طوق نجاة

STADT

27. Innerstädtischer Transport

Bus (m)	buṣ (m)	باص
Straßenbahn (f)	trām (m)	ترام
Obus (m)	trolly buṣ (m)	ترولي باص
Linie (f)	χaṭṭ (m)	خطّ
Nummer (f)	raqam (m)	رقم
mit ... fahren	rāḥ be ...	راح بـ ...
einsteigen (vi)	rekeb	ركب
aussteigen (aus dem Bus)	nezel men	نزل من
Haltestelle (f)	maw'af (m)	موّقف
nächste Haltestelle (f)	el maḥaṭṭa el gaya (f)	المحطة الجاية
Endhaltestelle (f)	'āχer maw'af (m)	آخر موقف
Fahrplan (m)	gadwal (m)	جدول
warten (vi, vt)	estanna	إستنّى
Fahrkarte (f)	tazkara (f)	تذكرة
Fahrpreis (m)	ogra (f)	أجرة
Kassierer (m)	kaʃier (m)	كاشيير
Fahrkartenkontrolle (f)	taftīʃ el tazāker (m)	تفتيش التذاكر
Fahrkartenkontrolleur (m)	mofatteʃ tazāker (m)	مفتّش تذاكر
sich verspäten	met'akχer	متأخّر
versäumen (Zug usw.)	ta'akχar	تأخّر
sich beeilen	mesta'gel	مستعجل
Taxi (n)	taksi (m)	تاكسي
Taxifahrer (m)	sawwā' taksi (m)	سوّاق تاكسي
mit dem Taxi	bel taksi	بالتاكسي
Taxistand (m)	maw'ef taksi (m)	موّقف تاكسي
ein Taxi rufen	kallem taksi	كلّم تاكسي
ein Taxi nehmen	aχad taksi	أخد تاكسي
Straßenverkehr (m)	ḥaraket el morūr (f)	حركة المرور
Stau (m)	zaḥmet el morūr (f)	زحمة المرور
Hauptverkehrszeit (f)	sā'et el zorwa (f)	ساعة الذروة
parken (vi)	rakan	ركن
parken (vt)	rakan	ركن
Parkplatz (m)	maw'ef el 'arabeyāt (m)	موقف العربيات
U-Bahn (f)	metro (m)	مترو
Station (f)	maḥaṭṭa (f)	محطّة
mit der U-Bahn fahren	aχad el metro	أخد المترو
Zug (m)	qeṭār, 'aṭṭr (m)	قطار
Bahnhof (m)	maḥaṭṭet qeṭār (f)	محطّة قطار

28. Stadt. Leben in der Stadt

Stadt (f)	madīna (f)	مدينة
Hauptstadt (f)	'āṣema (f)	عاصمة
Dorf (n)	qarya (f)	قرية
Stadtplan (m)	xarīṭet el madinah (f)	خريطة المدينة
Stadtzentrum (n)	wesṭ el balad (m)	وسط البلد
Vorort (m)	ḍāḥeya (f)	ضاحية
Vorort-	el ḍawāḥy	الضواحي
Stadtrand (m)	aṭrāf el madīna (pl)	أطراف المدينة
Umgebung (f)	ḍawāḥy el madīna (pl)	ضواحي المدينة
Stadtviertel (n)	ḥayī (m)	حي
Wohnblock (m)	ḥayī sakany (m)	حي سكني
Straßenverkehr (m)	ḥaraket el morūr (f)	حركة المرور
Ampel (f)	eʃārāt el morūr (pl)	إشارات المرور
Stadtverkehr (m)	wasā'el el na'l (pl)	وسائل النقل
Straßenkreuzung (f)	taqāṭo' (m)	تقاطع
Übergang (m)	ma'bar (m)	معبر
Fußgängerunterführung (f)	nafa' moʃāh (m)	نفق مشاه
überqueren (vt)	'abar	عبر
Fußgänger (m)	māʃy (m)	ماشي
Gehweg (m)	raṣīf (m)	رصيف
Brücke (f)	kobry (m)	كبري
Kai (m)	korneyʃ (m)	كورنيش
Springbrunnen (m)	nafūra (f)	نافورة
Allee (f)	mamʃa (m)	ممشى
Park (m)	ḥadīqa (f)	حديقة
Boulevard (m)	bolvār (m)	بولفار
Platz (m)	medān (m)	ميدان
Avenue (f)	ʃāre' (m)	شارع
Straße (f)	ʃāre' (m)	شارع
Gasse (f)	zo'ā' (m)	زقاق
Sackgasse (f)	ṭarī' masdūd (m)	طريق مسدود
Haus (n)	beyt (m)	بيت
Gebäude (n)	mabna (m)	مبنى
Wolkenkratzer (m)	nāṭeḥet sahāb (f)	ناطحة سحاب
Fassade (f)	waɣa (f)	واجهة
Dach (n)	sa'f (m)	سقف
Fenster (n)	ʃebbāk (m)	شبّاك
Bogen (m)	qose (m)	قوس
Säule (f)	'amūd (m)	عمود
Ecke (f)	zawya (f)	زاوية
Schaufenster (n)	vatrīna (f)	فترينة
Firmenschild (n)	yafṭa, lāfeta (f)	لافتة, يافطة
Anschlag (m)	boster (m)	بوستر
Werbeposter (m)	boster e'lān (m)	بوستر إعلان

Werbeschild (n)	lawḥet e'lanāt (f)	لوحة إعلانات
Müll (m)	zebāla (f)	زبالة
Mülleimer (m)	ṣandū' zebāla (m)	صندوق زبالة
Abfall wegwerfen	rama zebāla	رمى زبالة
Mülldeponie (f)	mazbala (f)	مزبلة
Telefonzelle (f)	koʃk telefōn (m)	كشك تليفون
Straßenlaterne (f)	'amūd nūr (m)	عمود نور
Bank (Park-)	korsy (m)	كرسي
Polizist (m)	ʃorṭy (m)	شرطي
Polizei (f)	ʃorṭa (f)	شرطة
Bettler (m)	ʃaḥḥāt (m)	شحّات
Obdachlose (m)	motaʃarred (m)	متشرّد

29. Innerstädtische Einrichtungen

Laden (m)	maḥal (m)	محل
Apotheke (f)	ṣaydaliya (f)	صيدليّة
Optik (f)	maḥal naḍḍārāt (m)	محل نضّارات
Einkaufszentrum (n)	mole (m)	مول
Supermarkt (m)	subermarket (m)	سوبرماركت
Bäckerei (f)	maχbaz (m)	مخبز
Bäcker (m)	χabbāz (m)	خبّاز
Konditorei (f)	ḥalawāny (m)	حلواني
Lebensmittelladen (m)	ba''āla (f)	بقّالة
Metzgerei (f)	gezāra (f)	جزارة
Gemüseladen (m)	dokkān χoḍār (m)	دكّان خضار
Markt (m)	sū' (f)	سوق
Kaffeehaus (n)	'ahwa (f), kaféih (m)	قهوة, كافيه
Restaurant (n)	maṭ'am (m)	مطعم
Bierstube (f)	bār (m)	بار
Pizzeria (f)	maḥal pizza (m)	محل بيتزا
Friseursalon (m)	ṣalone ḥelā'a (m)	صالون حلاقة
Post (f)	maktab el barīd (m)	مكتب البريد
chemische Reinigung (f)	dray klīn (m)	دراي كلين
Fotostudio (n)	estudio taṣwīr (m)	إستوديو تصوير
Schuhgeschäft (n)	maḥal gezam (m)	محل جزم
Buchhandlung (f)	maḥal kotob (m)	محل كتب
Sportgeschäft (n)	maḥal mostalzamāt reyaḍiya (m)	محل مستلزمات رياضية
Kleiderreparatur (f)	maḥal χeyāṭet malābes (m)	محل خياطة ملابس
Bekleidungsverleih (m)	ta'gīr malābes rasmiya (m)	تأجير ملابس رسمية
Videothek (f)	maḥal ta'gīr video (m)	محل تأجير فيديو
Zirkus (m)	serk (m)	سيرك
Zoo (m)	ḥadīqet el ḥayawān (f)	حديقة حيوان
Kino (n)	sinema (f)	سينما

Museum (n)	mat-ḥaf (m)	متحف
Bibliothek (f)	maktaba (f)	مكتبة
Theater (n)	masraḥ (m)	مسرح
Opernhaus (n)	obra (f)	أوبرا
Nachtklub (m)	malha leyly (m)	ملهى ليلي
Kasino (n)	kazino (m)	كازينو
Moschee (f)	masged (m)	مسجد
Synagoge (f)	kenīs (m)	كنيس
Kathedrale (f)	katedra'iya (f)	كاتدرائية
Tempel (m)	ma'bad (m)	معبد
Kirche (f)	kenīsa (f)	كنيسة
Institut (n)	kolliya (m)	كليّة
Universität (f)	gam'a (f)	جامعة
Schule (f)	madrasa (f)	مدرسة
Präfektur (f)	moqaṭ'a (f)	مقاطعة
Rathaus (n)	baladiya (f)	بلديّة
Hotel (n)	fondo' (m)	فندق
Bank (f)	bank (m)	بنك
Botschaft (f)	safāra (f)	سفارة
Reisebüro (n)	ʃerket seyāḥa (f)	شركة سياحة
Informationsbüro (n)	maktab el este'lāmāt (m)	مكتب الإستعلامات
Wechselstube (f)	ṣarrāfa (f)	صرّافة
U-Bahn (f)	metro (m)	مترو
Krankenhaus (n)	mostaʃfa (m)	مستشفى
Tankstelle (f)	maḥaṭṭet banzīn (f)	محطّة بنزين
Parkplatz (m)	maw'ef el 'arabeyāt (m)	موقف العربيات

30. Schilder

Firmenschild (n)	yafṭa, lāfeta (f)	لافتة, يافطة
Aufschrift (f)	bayān (m)	بيان
Plakat (n)	boster (m)	بوستر
Wegweiser (m)	'alāmet (f)	علامة إتجاه
Pfeil (m)	'alāmet eʃāra (f)	علامة إشارة
Vorsicht (f)	taḥzīr (m)	تحذير
Warnung (f)	lāfetat taḥzīr (f)	لافتة تحذير
warnen (vt)	ḥazzar	حذّر
freier Tag (m)	yome 'oṭla (m)	يوم عطلة
Fahrplan (m)	gadwal (m)	جدوّل
Öffnungszeiten (pl)	aw'āt el 'amal (pl)	أوقات العمل
HERZLICH WILLKOMMEN!	ahlan w sahlan!	!أهلاً وسهلا
EINGANG	doχūl	دخول
AUSGANG	χorūg	خروج
DRÜCKEN	edfa'	إدفع

ZIEHEN	es-ḥab	إسحب
GEÖFFNET	maftūḥ	مفتوح
GESCHLOSSEN	moɣlaq	مغلق
DAMEN, FRAUEN	lel sayedāt	للسيدات
HERREN, MÄNNER	lel regāl	للرجال
AUSVERKAUF	χoṣomāt	خصومات
REDUZIERT	taχfeḍāt	تخفيضات
NEU!	gedīd!	جديد!
GRATIS	maggānan	مجّاناً
ACHTUNG!	entebāh!	إنتباه!
ZIMMER BELEGT	koll el amāken maḥgūza	كلّ الأماكن محجوزة
RESERVIERT	maḥgūz	محجوز
VERWALTUNG	edāra	إدارة
NUR FÜR PERSONAL	lel ʿamelīn faqaṭ	للعاملين فقط
VORSICHT BISSIGER HUND	eḥzar wogūd kalb	إحذر وجود الكلب
RAUCHEN VERBOTEN!	mamnūʿ el tadχīn	ممنوع التدخين
BITTE NICHT BERÜHREN	ʿadam el lams	عدم اللمس
GEFÄHRLICH	χaṭīr	خطير
VORSICHT!	χaṭar	خطر
HOCHSPANNUNG	tayār ʿāly	تيّار عالي
BADEN VERBOTEN	el sebāḥa mamnūʿa	السباحة ممنوعة
AUßER BETRIEB	moʿaṭṭal	معطّل
LEICHTENTZÜNDLICH	sareeʿ el eʃteʿāl	سريع الإشتعال
VERBOTEN	mamnūʿ	ممنوع
DURCHGANG VERBOTEN	mamnūʿ el morūr	ممنوع المرور
FRISCH GESTRICHEN	eḥzar ṭelāʾ ɣayr gāf	احذر طلاء غير جاف

31. Shopping

kaufen (vt)	eʃtara	إشترى
Einkauf (m)	ḥāga (f)	حاجة
einkaufen gehen	eʃtara	إشترى
Einkaufen (n)	ʃobbing (m)	شوبينج
offen sein (Laden)	maftūḥ	مفتوح
zu sein	moɣlaq	مغلق
Schuhe (pl)	gezam (pl)	جزم
Kleidung (f)	malābes (pl)	ملابس
Kosmetik (f)	mawād tagmīl (pl)	مواد تجميل
Lebensmittel (pl)	akl (m)	أكل
Geschenk (n)	hediya (f)	هديّة
Verkäufer (m)	bayāʿ (m)	بيّاع
Verkäuferin (f)	bayāʿa (f)	بيّاعة
Kasse (f)	ṣandūʾ el dafʿ (m)	صندوق الدفع

Spiegel (m)	merāya (f)	مراية
Ladentisch (m)	manḍada (f)	منضدة
Umkleidekabine (f)	ɣorfet el 'eyās (f)	غرفة القياس
anprobieren (vt)	garrab	جرّب
passen (Schuhe, Kleid)	nāseb	ناسب
gefallen (vi)	'agab	عجب
Preis (m)	se'r (m)	سعر
Preisschild (n)	tiket el se'r (m)	تيكت السعر
kosten (vt)	kallef	كلّف
Wie viel?	bekām?	بكام؟
Rabatt (m)	χaṣm (m)	خصم
preiswert	meʃ ɣāly	مش غالي
billig	reχīṣ	رخيص
teuer	ɣāly	غالي
Das ist teuer	da ɣāly	ده غالي
Verleih (m)	este'gār (m)	إستئجار
leihen, mieten (ein Auto usw.)	est'gar	إستأجر
Kredit (m), Darlehen (n)	e'temān (m)	إئتمان
auf Kredit	bel ta'seeṭ	بالتقسيط

KLEIDUNG & ACCESSOIRES

32. Oberbekleidung. Mäntel

Kleidung (f)	malābes (pl)	ملابس
Oberkleidung (f)	malābes fo'aniya (pl)	ملابس فوقانيّة
Winterkleidung (f)	malābes ʃetwiya (pl)	ملابس شتويّة
Mantel (m)	balṭo (m)	بالطو
Pelzmantel (m)	balṭo farww (m)	بالطو فروّ
Pelzjacke (f)	ʒaket farww (m)	جاكيت فروّ
Daunenjacke (f)	balṭo maḥʃy rīʃ (m)	بالطو محشي ريش
Jacke (z.B. Lederjacke)	ʒæket (m)	جاكيت
Regenmantel (m)	ʒæket lel maṭar (m)	جاكيت للمطر
wasserdicht	wāqy men el maya	واقي من الميّة

33. Herren- & Damenbekleidung

Hemd (n)	'amīṣ (m)	قميص
Hose (f)	banṭalone (f)	بنطلون
Jeans (pl)	ʒeans (m)	جينز
Jackett (n)	ʒæket (f)	جاكت
Anzug (m)	badla (f)	بدلة
Damenkleid (n)	fostān (m)	فستان
Rock (m)	ʒība (f)	جيبة
Bluse (f)	bloza (f)	بلوزة
Strickjacke (f)	kardigan (m)	كارديجن
Jacke (Damen Kostüm)	ʒæket (m)	جاكيت
T-Shirt (n)	ti ʃirt (m)	تي شيرت
Shorts (pl)	ʃort (m)	شورت
Sportanzug (m)	treneng (m)	ترينيج
Bademantel (m)	robe el ḥammām (m)	روب حمّام
Schlafanzug (m)	beʒāma (f)	بيجاما
Sweater (m)	blover (f)	بلوفر
Pullover (m)	blover (m)	بلوفر
Weste (f)	vest (m)	فيست
Frack (m)	badlet sahra ṭawīla (f)	بدلة سهرة طويلة
Smoking (m)	badla (f)	بدلة
Uniform (f)	zayī muwaḥḥad (m)	زيّ موحّد
Arbeitskleidung (f)	lebs el ʃoɣl (m)	لبس الشغل
Overall (m)	overall (m)	اوفر اول
Kittel (z.B. Arztkittel)	balṭo (m)	بالطو

34. Kleidung. Unterwäsche

Unterwäsche (f)	malābes dāχeliya (pl)	ملابس داخلية
Herrenslip (m)	sirwāl dāχly rigāly (m)	سروال داخلي رجالي
Damenslip (m)	sirwāl dāχly nisā'y (m)	سروال داخلي نسائي
Unterhemd (n)	fanella (f)	فانلّا
Socken (pl)	ʃarāb (m)	شراب
Nachthemd (n)	'amīṣ nome (m)	قميص نوم
Büstenhalter (m)	setyāna (f)	ستيانة
Kniestrümpfe (pl)	ʃarabāt ṭawīla (pl)	شرابات طويلة
Strumpfhose (f)	klone (m)	كلون
Strümpfe (pl)	gawāreb (pl)	جوارب
Badeanzug (m)	mayo (m)	مايّوه

35. Kopfbekleidung

Mütze (f)	ṭa'iya (f)	طاقيّة
Filzhut (m)	borneyṭa (f)	برنيطة
Baseballkappe (f)	base bāl kāb (m)	بيس بول كاب
Schiebermütze (f)	ṭa'iya mosaṭṭaḥa (f)	طاقيّة مسطحة
Baskenmütze (f)	bereyh (m)	بيريه
Kapuze (f)	ɣaṭa' (f)	غطاء
Panamahut (m)	qobba'et banama (f)	قبّعة بناما
Strickmütze (f)	ays kāb (m)	آيس كاب
Kopftuch (n)	eʃarb (m)	إيشارب
Damenhut (m)	borneyṭa (f)	برنيطة
Schutzhelm (m)	χawza (f)	خوذة
Feldmütze (f)	kāb (m)	كاب
Helm (z.B. Motorradhelm)	χawza (f)	خوذة
Melone (f)	qobba'a (f)	قبّعة
Zylinder (m)	qobba'a rasmiya (f)	قبّعة رسمية

36. Schuhwerk

Schuhe (pl)	gezam (pl)	جزم
Stiefeletten (pl)	gazma (f)	جزمة
Halbschuhe (pl)	gazma (f)	جزمة
Stiefel (pl)	būt (m)	بوت
Hausschuhe (pl)	ʃebʃeb (m)	شبشب
Tennisschuhe (pl)	kotʃy tennis (m)	كوتشي تنس
Leinenschuhe (pl)	kotʃy (m)	كوتشي
Sandalen (pl)	ṣandal (pl)	صندل
Schuster (m)	eskāfy (m)	إسكافي
Absatz (m)	ka'b (m)	كعب

Paar (n)	goze (m)	جوز
Schnürsenkel (m)	ʃerī't (m)	شريط
schnüren (vt)	rabaṭ	ربط
Schuhlöffel (m)	labbāsa el gazma (f)	لبّاسة الجزمة
Schuhcreme (f)	warnīʃ el gazma (m)	ورنيش الجزمة

37. Persönliche Accessoires

Handschuhe (pl)	gwanty (m)	جوانتي
Fausthandschuhe (pl)	gwanty men ɣeyr aṣābeʿ (m)	جوانتي من غير أصابع
Schal (Kaschmir-)	skarf (m)	سكارف
Brille (f)	naḍḍāra (f)	نظّارة
Brillengestell (n)	eṭār (m)	إطار
Regenschirm (m)	ʃamsiya (f)	شمسيّة
Spazierstock (m)	ʿaṣāya (f)	عصاية
Haarbürste (f)	forʃet ʃaʿr (f)	فرشة شعر
Fächer (m)	marwaḥa (f)	مروّحة
Krawatte (f)	karavetta (f)	كرافتة
Fliege (f)	bebyona (m)	بيبيونة
Hosenträger (pl)	ḥammala (f)	حمّالة
Taschentuch (n)	mandīl (m)	منديل
Kamm (m)	meʃṭ (m)	مشط
Haarspange (f)	dabbūs (m)	دبّوس
Haarnadel (f)	bensa (m)	بنسة
Schnalle (f)	bokla (f)	بكلة
Gürtel (m)	ḥezām (m)	حزام
Umhängegurt (m)	ḥammalet el ketf (f)	حمّالة الكتف
Tasche (f)	ʃanṭa (f)	شنطة
Handtasche (f)	ʃanṭet yad (f)	شنطة يد
Rucksack (m)	ʃanṭet ḍahr (f)	شنطة ظهر

38. Kleidung. Verschiedenes

Mode (f)	mūḍa (f)	موضة
modisch	fel moḍa	في الموضة
Modedesigner (m)	moṣammem azyāʾ (m)	مصمّم أزياء
Kragen (m)	yā'a (f)	ياقة
Tasche (f)	geyb (m)	جيب
Taschen-	geyb	جيب
Ärmel (m)	komm (m)	كمّ
Aufhänger (m)	ʿelāqa (f)	علّاقة
Hosenschlitz (m)	lesān (m)	لسان
Reißverschluss (m)	sosta (f)	سوستة
Verschluss (m)	maʃbak (m)	مشبك
Knopf (m)	zerr (m)	زرّ

Knopfloch (n)	ʿarwa (f)	عروة
abgehen (Knopf usw.)	weʾeʿ	وقع
nähen (vi, vt)	χayaṭ	خيّط
sticken (vt)	ṭarraz	طرّز
Stickerei (f)	taṭrīz (m)	تطريز
Nadel (f)	ebra (f)	إبرة
Faden (m)	χeyṭ (m)	خيط
Naht (f)	derz (m)	درز
sich beschmutzen	ettwassaχ	إتّوسّخ
Fleck (m)	boʾʿa (f)	بقعة
sich knittern	takarmaʃ	تكرمش
zerreißen (vt)	ʾaṭaʿ	قطع
Motte (f)	ʿetta (f)	عتّة

39. Kosmetikartikel. Kosmetik

Zahnpasta (f)	maʿgūn asnān (m)	معجون أسنان
Zahnbürste (f)	forʃet senān (f)	فرشة أسنان
Zähne putzen	naḍḍaf el asnān	نظّف الأسنان
Rasierer (m)	mūs (m)	موس
Rasiercreme (f)	krīm ḥelāʾa (m)	كريم حلاقة
sich rasieren	ḥalaʾ	حلق
Seife (f)	ṣabūn (m)	صابون
Shampoo (n)	ʃambū (m)	شامبو
Schere (f)	maʾaṣ (m)	مقص
Nagelfeile (f)	mabrad (m)	مبرد
Nagelzange (f)	melʾaṭ (m)	ملقط
Pinzette (f)	melʾaṭ (m)	ملقط
Kosmetik (f)	mawād tagmīl (pl)	مواد تجميل
Gesichtsmaske (f)	mask (m)	ماسك
Maniküre (f)	monekīr (m)	مونيكير
Maniküre machen	ʿamal monikīr	عمل مونيكير
Pediküre (f)	badikīr (m)	باديكير
Kosmetiktasche (f)	ʃanṭet mekyāʒ (f)	شنطة مكياج
Puder (m)	bodret weʃ (f)	بودرة وش
Puderdose (f)	ʿelbet bodra (f)	علبة بودرة
Rouge (n)	aḥmar χodūd (m)	أحمر خدود
Parfüm (n)	barfān (m)	بارفان
Duftwasser (n)	kolonya (f)	كولونيا
Lotion (f)	loʃion (m)	لوشن
Kölnischwasser (n)	kolonya (f)	كولونيا
Lidschatten (m)	eyeʃadow (m)	اي شادو
Kajalstift (m)	koḥl (m)	كحل
Wimperntusche (f)	maskara (f)	ماسكارا
Lippenstift (m)	rūʒ (m)	روج

Nagellack (m)	monekīr (m)	مونيكير
Haarlack (m)	mosabbet el ʃa'r (m)	مثبّت الشعر
Deodorant (n)	mozīl 'ara' (m)	مزيل عرق
Creme (f)	krīm (m)	كريم
Gesichtscreme (f)	krīm lel weʃ (m)	كريم للوش
Handcreme (f)	krīm eyd (m)	كريم أيد
Anti-Falten-Creme (f)	krīm moḍād lel taga'īd (m)	كريم مضاد للتجاعيد
Tagescreme (f)	krīm en nahār (m)	كريم النهار
Nachtcreme (f)	krīm el leyl (m)	كريم الليل
Tages-	nahāry	نهاري
Nacht-	layly	ليّلي
Tampon (m)	tambon (m)	تانبون
Toilettenpapier (n)	wara' twalet (m)	ورق تواليت
Föhn (m)	seʃwār (m)	سشوار

40. Armbanduhren Uhren

Armbanduhr (f)	sā'a (f)	ساعة
Zifferblatt (n)	wag-h el sā'a (m)	وجه الساعة
Zeiger (m)	'a'rab el sā'a (m)	عقرب الساعة
Metallarmband (n)	ʃerī'ṭ sā'a ma'daniya (m)	شريط ساعة معدنية
Uhrenarmband (n)	ʃerī'ṭ el sā'a (m)	شريط الساعة
Batterie (f)	baṭṭariya (f)	بطّاريّة
verbraucht sein	χelṣet	خلصت
die Batterie wechseln	ɣayar el baṭṭariya	غيّر البطّاريّة
vorgehen (vi)	saba'	سبق
nachgehen (vi)	ta'akχar	تأخّر
Wanduhr (f)	sā'et ḥeyṭa (f)	ساعة حيطة
Sanduhr (f)	sā'a ramliya (f)	ساعة رمليّة
Sonnenuhr (f)	sā'a ʃamsiya (f)	ساعة شمسيّة
Wecker (m)	monabbeh (m)	منبّه
Uhrmacher (m)	sa'āty (m)	ساعاتي
reparieren (vt)	ṣallaḥ	صلّح

ALLTAGSERFAHRUNG

41. Geld

Geld (n)	folūs (pl)	فلوس
Austausch (m)	taḥwīl ʿomla (m)	تحويل عملة
Kurs (m)	seʿr el ṣarf (m)	سعر الصرف
Geldautomat (m)	makinet ṣarrāf ʾāly (f)	ماكينة صرّاف آلي
Münze (f)	ʾerʃ (m)	قرش
Dollar (m)	dolār (m)	دولار
Euro (m)	yoro (m)	يورو
Lira (f)	lira (f)	ليرة
Mark (f)	el mark el almāny (m)	المارك الألماني
Franken (m)	frank (m)	فرنك
Pfund Sterling (n)	geneyh esterlīny (m)	جنيه استرليني
Yen (m)	yen (m)	ين
Schulden (pl)	deyn (m)	دين
Schuldner (m)	modīn (m)	مدين
leihen (vt)	sallef	سلّف
leihen, borgen (Geld usw.)	estalaf	إستلف
Bank (f)	bank (m)	بنك
Konto (n)	ḥesāb (m)	حساب
einzahlen (vt)	awdaʿ	أودع
auf ein Konto einzahlen	awdaʿ fel ḥesāb	أودّع في الحساب
abheben (vt)	saḥab men el ḥesāb	سحب من الحساب
Kreditkarte (f)	kredit kard (f)	كريدت كارد
Bargeld (n)	kæʃ (m)	كاش
Scheck (m)	ʃīk (m)	شيك
einen Scheck schreiben	katab ʃīk	كتب شيك
Scheckbuch (n)	daftar ʃikāt (m)	دفتر شيكات
Geldtasche (f)	maḥfaẓa (f)	محفظة
Geldbeutel (m)	maḥfazet fakka (f)	محفظة فكّة
Safe (m)	χazzāna (f)	خزّانة
Erbe (m)	wāres (m)	وارث
Erbschaft (f)	werāsa (f)	وراثة
Vermögen (n)	sarwa (f)	ثروّة
Pacht (f)	ʿaʾd el egār (m)	عقد الإيجار
Miete (f)	ogret el sakan (f)	أجرة السكن
mieten (vt)	estʾgar	إستأجر
Preis (m)	seʿr (m)	سعر
Kosten (pl)	taman (m)	ثمن

Summe (f)	mablaɣ (m)	مبلغ
ausgeben (vt)	ṣaraf	صرف
Ausgaben (pl)	maṣarīf (pl)	مصاريف
sparen (vt)	waffar	وفّر
sparsam	mowaffer	موّفر
zahlen (vt)	dafa'	دفع
Lohn (m)	daf' (m)	دفع
Wechselgeld (n)	el bā'y (m)	الباقي
Steuer (f)	ḍarība (f)	ضريبة
Geldstrafe (f)	ɣarāma (f)	غرامة
bestrafen (vt)	faraḍ ɣarāma	فرض غرامة

42. Post. Postdienst

Post (Postamt)	maktab el barīd (m)	مكتب البريد
Post (Postsendungen)	el barīd (m)	البريد
Briefträger (m)	sā'y el barīd (m)	ساعي البريد
Öffnungszeiten (pl)	aw'āt el 'amal (pl)	أوقات العمل
Brief (m)	resāla (f)	رسالة
Einschreibebrief (m)	resāla mosaggala (f)	رسالة مسجّلة
Postkarte (f)	kart barīdy (m)	كرت بريدي
Telegramm (n)	barqiya (f)	برقيّة
Postpaket (n)	ṭard (m)	طرد
Geldanweisung (f)	ḥewāla māliya (f)	حوالة مالية
bekommen (vt)	estalam	إستلم
abschicken (vt)	arsal	أرسل
Absendung (f)	ersāl (m)	إرسال
Postanschrift (f)	'enwān (m)	عنوان
Postleitzahl (f)	raqam el barīd (m)	رقم البريد
Absender (m)	morsel (m)	مرسل
Empfänger (m)	morsel elayh (m)	مرسل إليه
Vorname (m)	esm (m)	اسم
Nachname (m)	esm el 'a'ela (m)	اسم العائلة
Tarif (m)	ta'rīfa (f)	تعريفة
Standard- (Tarif)	'ādy	عادي
Spar- (-tarif)	mowaffer	موّفر
Gewicht (n)	wazn (m)	وزن
abwiegen (vt)	wazan	وزن
Briefumschlag (m)	ẓarf (m)	ظرف
Briefmarke (f)	ṭābe' (m)	طابع
Briefmarke aufkleben	alṣaq ṭābe'	ألصق طابع

43. Bankgeschäft

Bank (f)	bank (m)	بنك
Filiale (f)	far' (m)	فرع

Berater (m)	mowazzaf bank (m)	موظّف بنك
Leiter (m)	modīr (m)	مدير
Konto (n)	ḥesāb bank (m)	حساب بنك
Kontonummer (f)	raqam el ḥesāb (m)	رقم الحساب
Kontokorrent (n)	ḥesāb gāry (m)	حساب جاري
Sparkonto (n)	ḥesāb tawfīr (m)	حساب توّفير
ein Konto eröffnen	fataḥ ḥesāb	فتح حساب
das Konto schließen	'afal ḥesāb	قفل حساب
einzahlen (vt)	awdaʿ fel ḥesāb	أودع في الحساب
abheben (vt)	saḥab men el ḥesāb	سحب من الحساب
Einzahlung (f)	wadeeʿa (f)	وديعة
eine Einzahlung machen	awdaʿ	أودع
Überweisung (f)	ḥewāla maṣrefiya (f)	حوالة مصرفيّة
überweisen (vt)	ḥawwel	حوّل
Summe (f)	mablaɣ (m)	مبلغ
Wieviel?	kām?	كام؟
Unterschrift (f)	tawqeeʿ (m)	توقيع
unterschreiben (vt)	waqqaʿ	وقّع
Kreditkarte (f)	kredit kard (f)	كريدت كارد
Code (m)	kōd (m)	كود
Kreditkartennummer (f)	raqam el kredit kard (m)	رقم الكريدت كارد
Geldautomat (m)	makinet ṣarrāf 'āly (f)	ماكينة صرّاف آلي
Scheck (m)	ʃīk (m)	شيك
einen Scheck schreiben	katab ʃīk	كتب شيك
Scheckbuch (n)	daftar ʃikāt (m)	دفتر شيكات
Darlehen (m)	qarḍ (m)	قرض
ein Darlehen beantragen	'addem ṭalab ʿala qarḍ	قدّم طلب على قرض
ein Darlehen aufnehmen	ḥaṣal ʿala qarḍ	حصل على قرض
ein Darlehen geben	edda qarḍ	ادّى قرض
Sicherheit (f)	ḍamān (m)	ضمان

44. Telefon. Telefongespräche

Telefon (n)	telefon (m)	تليفون
Mobiltelefon (n)	mobile (m)	موبايل
Anrufbeantworter (m)	gehāz radd ʿalal mokalmāt (m)	جهاز ردّ على المكالمات
anrufen (vt)	ettaṣal	إتّصل
Anruf (m)	mokalma telefoniya (f)	مكالمة تليفونية
eine Nummer wählen	ettaṣal be raqam	إتّصل برقم
Hallo!	alo!	ألو!
fragen (vt)	sa'al	سأل
antworten (vi)	radd	ردّ
hören (vt)	semeʿ	سمع
gut (~ aussehen)	kewayes	كويّس

schlecht (Adv)	meʃ kowayīs	مش كويّس
Störungen (pl)	taʃwīʃ (m)	تشويش
Hörer (m)	sammā'a (f)	سمّاعة
den Hörer abnehmen	rafa' el sammā'a	رفع السمّاعة
auflegen (den Hörer ~)	'afal el sammā'a	قفل السمّاعة
besetzt	maʃɣūl	مشغول
läuten (vi)	rann	رنّ
Telefonbuch (n)	dalīl el telefone (m)	دليل التليفون
Orts-	maḥalliyya	ة محلّيّة
Ortsgespräch (n)	mokalma maḥalliya (f)	مكالمة محلّيّة
Auslands-	dowly	دوّلي
Auslandsgespräch (n)	mokalma dowliya (f)	مكالمة دوليّة
Fern-	bi'īd	بعيد
Ferngespräch (n)	mokalma bi'īda (f)	مكالمة بعيدة المدى

45. Mobiltelefon

Mobiltelefon (n)	mobile (m)	موبايل
Display (n)	'arḍ (m)	عرض
Knopf (m)	zerr (m)	زرّ
SIM-Karte (f)	sim kard (m)	سيم كارد
Batterie (f)	baṭṭariya (f)	بطّاريّة
leer sein (Batterie)	χelṣet	خلصت
Ladegerät (n)	ʃāḥen (m)	شاحن
Menü (n)	qā'ema (f)	قائمة
Einstellungen (pl)	awḍā' (pl)	أوضاع
Melodie (f)	naɣama (f)	نغمة
auswählen (vt)	eχtār	إختار
Rechner (m)	'āla ḥasba (f)	آلة حاسبة
Anrufbeantworter (m)	barīd ṣawty (m)	بريد صوتي
Wecker (m)	monabbeh (m)	منبّه
Kontakte (pl)	gehāt el etteṣāl (pl)	جهات الإتّصال
SMS-Nachricht (f)	resāla 'aṣīra ɛsɛmɛs (f)	رسالة قصيرة sms
Teilnehmer (m)	moʃtarek (m)	مشترك

46. Bürobedarf

Kugelschreiber (m)	'alam gāf (m)	قلم جاف
Federhalter (m)	'alam rīʃa (m)	قلم ريشة
Bleistift (m)	'alam roṣāṣ (m)	قلم رصاص
Faserschreiber (m)	markar (m)	ماركر
Filzstift (m)	'alam fulumaster (m)	قلم فلوماستر
Notizblock (m)	mozakkera (f)	مذكّرة
Terminkalender (m)	gadwal el a'māl (m)	جدول الأعمال

Lineal (n)	masṭara (f)	مسطرة
Rechner (m)	'āla ḥasba (f)	آلة حاسبة
Radiergummi (m)	astīka (f)	استيكة
Reißzwecke (f)	dabbūs (m)	دبّوس
Heftklammer (f)	dabbūs wara' (m)	دبّوس ورق
Klebstoff (m)	ṣamɣ (m)	صمغ
Hefter (m)	dabbāsa (f)	دبّاسة
Locher (m)	χarrāma (m)	خرّامة
Bleistiftspitzer (m)	barrāya (f)	برّاية

47. Fremdsprachen

Sprache (f)	loɣa (f)	لغة
Fremd-	agnaby	أجنبي
Fremdsprache (f)	loɣa agnabiya (f)	لغة أجنبية
studieren (z.B. Jura ~)	daras	درس
lernen (Englisch ~)	ta'allam	تعلّم
lesen (vi, vt)	'ara	قرأ
sprechen (vi, vt)	kallem	كلّم
verstehen (vt)	fehem	فهم
schreiben (vi, vt)	katab	كتب
schnell (Adv)	bosor'a	بسرعة
langsam (Adv)	bo boṭ'	ببطء
fließend (Adv)	beṭalāqa	بطلاقة
Regeln (pl)	qawā'ed (pl)	قواعد
Grammatik (f)	el naḥw wel ṣarf (m)	النحو والصرف
Vokabular (n)	mofradāt el loɣa (pl)	مفردات اللغة
Phonetik (f)	ṣawtīāt (pl)	صوتيات
Lehrbuch (n)	ketāb ta'līm (m)	كتاب تعليم
Wörterbuch (n)	qamūs (m)	قاموس
Selbstlernbuch (n)	ketāb ta'līm zāty (m)	كتاب تعليم ذاتي
Sprachführer (m)	ketāb lel 'ebarāt el ʃā'e'a (m)	كتاب للعبارت الشائعة
Kassette (f)	kasett (m)	كاسيت
Videokassette (f)	ʃerī'ṭ video (m)	شريط فيديو
CD (f)	sidī (m)	سي دي
DVD (f)	dividī (m)	دي في دي
Alphabet (n)	abgadiya (f)	أبجدية
buchstabieren (vt)	tahagga	تهجّى
Aussprache (f)	noṭ' (m)	نطق
Akzent (m)	lahga (f)	لهجة
mit Akzent	be lahga	بـ لهجة
ohne Akzent	men ɣeyr lahga	من غير لهجة
Wort (n)	kelma (f)	كلمة
Bedeutung (f)	ma'na (m)	معنى
Kurse (pl)	dawra (f)	دورة

sich einschreiben	saggel esmo	سجّل إسمه
Lehrer (m)	modarres (m)	مدرّس
Übertragung (f)	targama (f)	ترجمة
Übersetzung (f)	targama (f)	ترجمة
Übersetzer (m)	motargem (m)	مترجم
Dolmetscher (m)	motargem fawwry (m)	مترجم فوّري
Polyglott (m, f)	ʻalīm beʻeddet loɣāt (m)	عليم بعدّة لغات
Gedächtnis (n)	zākera (f)	ذاكرة

MAHLZEITEN. RESTAURANT

48. Gedeck

Löffel (m)	ma'la'a (f)	معلقة
Messer (n)	sekkīna (f)	سكّينة
Gabel (f)	ʃawka (f)	شوكة
Tasse (eine ~ Tee)	fengān (m)	فنجان
Teller (m)	ṭaba' (m)	طبق
Untertasse (f)	ṭaba' fengān (m)	طبق فنجان
Serviette (f)	mandīl wara' (m)	منديل ورق
Zahnstocher (m)	χallet senān (f)	خلة سنان

49. Restaurant

Restaurant (n)	maṭ'am (m)	مطعم
Kaffeehaus (n)	'ahwa (f), kaféih (m)	قهوة, كافيه
Bar (f)	bār (m)	بار
Teesalon (m)	ṣalone ʃāy (m)	صالون شاي
Kellner (m)	garsone (m)	جرسون
Kellnerin (f)	garsona (f)	جرسونة
Barmixer (m)	bārman (m)	بارمان
Speisekarte (f)	qā'emet el ṭa'ām (f)	قائمة طعام
Weinkarte (f)	qā'emet el χomūr (f)	قائمة خمور
einen Tisch reservieren	ḥagaz sofra	حجز سفرة
Gericht (n)	wagba (f)	وجبة
bestellen (vt)	ṭalab	طلب
eine Bestellung aufgeben	ṭalab	طلب
Aperitif (m)	ʃarāb (m)	شراب
Vorspeise (f)	moqabbelāt (pl)	مقبّلات
Nachtisch (m)	ḥalawīāt (pl)	حلويّات
Rechnung (f)	ḥesāb (m)	حساب
Rechnung bezahlen	dafa' el ḥesāb	دفع الحساب
das Wechselgeld geben	edda el bā'y	ادّي الباقي
Trinkgeld (n)	ba'ʃīʃ (m)	بقشيش

50. Mahlzeiten

Essen (n)	akl (m)	أكل
essen (vi, vt)	akal	أكل

Frühstück (n)	foṭūr (m)	فطور
frühstücken (vi)	feṭer	فطر
Mittagessen (n)	ɣada' (m)	غداء
zu Mittag essen	etɣadda	إتغدّى
Abendessen (n)	'aʃā' (m)	عشاء
zu Abend essen	et'asʃa	إتعشّى
Appetit (m)	ʃahiya (f)	شهيّة
Guten Appetit!	bel hana wel ʃefa!	!بالهنا والشفا
öffnen (vt)	fataḥ	فتح
verschütten (vt)	dala'	دلق
verschüttet werden	dala'	دلق
kochen (vi)	ɣely	غلى
kochen (Wasser ~)	ɣely	غلى
gekocht (Adj)	maɣly	مغلي
kühlen (vt)	barrad	برّد
abkühlen (vi)	barrad	برّد
Geschmack (m)	ṭa'm (m)	طعم
Beigeschmack (m)	ṭa'm ma ba'd el mazāq (m)	طعم ما بعد المذاق
auf Diät sein	χass	خسّ
Diät (f)	reʒīm (m)	رجيم
Vitamin (n)	vitamīn (m)	فيتامين
Kalorie (f)	so'ra ḥarāriya (f)	سعرة حراريّة
Vegetarier (m)	nabāty (m)	نباتي
vegetarisch (Adj)	nabāty	نباتي
Fett (n)	dohūn (pl)	دهون
Protein (n)	brotenāt (pl)	بروتينات
Kohlenhydrat (n)	naʃawīāt (pl)	نشويّات
Scheibchen (n)	ʃarīḥa (f)	شريحة
Stück (ein ~ Kuchen)	'eṭ'a (f)	قطعة
Krümel (m)	fattāta (f)	فتاتة

51. Gerichte

Gericht (n)	wagba (f)	وجبة
Küche (f)	maṭbaχ (m)	مطبخ
Rezept (n)	waṣfa (f)	وصفة
Portion (f)	naṣīb (m)	نصيب
Salat (m)	solṭa (f)	سلطة
Suppe (f)	ʃorba (f)	شوربة
Brühe (f), Bouillon (f)	mara'a (m)	مرقة
belegtes Brot (n)	sandawitʃ (m)	ساندويتش
Spiegelei (n)	beyḍ ma'ly (m)	بيض مقلي
Hamburger (m)	hamburger (m)	هامبورجر
Beefsteak (n)	steak laḥm (m)	ستيك لحم
Beilage (f)	ṭaba' gāneby (m)	طبق جانبي

Spaghetti (pl)	spaɣetti (m)	سباجيتي
Kartoffelpüree (n)	baṭāṭes mahrūsa (f)	بطاطس مهروسة
Pizza (f)	bītza (f)	بيتزا
Brei (m)	ʿaṣīda (f)	عصيدة
Omelett (n)	omlette (m)	اومليت
gekocht	maslūʾ	مسلوق
geräuchert	modakχen	مدخّن
gebraten	maʾly	مقلي
getrocknet	mogaffaf	مجفّف
tiefgekühlt	mogammad	مجمّد
mariniert	meχallel	مخلّل
süß	mesakkar	مسكّر
salzig	māleḥ	مالح
kalt	bāred	بارد
heiß	soχn	سخن
bitter	morr	مرّ
lecker	ḥelw	حلو
kochen (vt)	salaʾ	سلق
zubereiten (vt)	ḥaḍḍar	حضّر
braten (vt)	ʾala	قلى
aufwärmen (vt)	sakχan	سخّن
salzen (vt)	rasʃ malḥ	رشّ ملح
pfeffern (vt)	rasʃ felfel	رشّ فلفل
reiben (vt)	baraʃ	برش
Schale (f)	ʾeʃra (f)	قشرة
schälen (vt)	ʾasʃar	قشّر

52. Essen

Fleisch (n)	laḥma (f)	لحمة
Hühnerfleisch (n)	ferāχ (m)	فراخ
Küken (n)	farrūg (m)	فرّوج
Ente (f)	baṭṭa (f)	بطّة
Gans (f)	wezza (f)	وزّة
Wild (n)	ṣeyd (m)	صيد
Pute (f)	dīk rūmy (m)	ديك رومي
Schweinefleisch (n)	laḥm el χanazīr (m)	لحم الخنزير
Kalbfleisch (n)	laḥm el ʿegl (m)	لحم العجل
Hammelfleisch (n)	laḥm ḍāny (m)	لحم ضاني
Rindfleisch (n)	laḥm baqary (m)	لحم بقري
Kaninchenfleisch (n)	laḥm arāneb (m)	لحم أرانب
Wurst (f)	sogoʾʾ (m)	سجق
Würstchen (n)	sogoʾʾ (m)	سجق
Schinkenspeck (m)	bakon (m)	بيكون
Schinken (m)	hām(m)	هام
Räucherschinken (m)	faχd χanzīr (m)	فخذ خنزير
Pastete (f)	maʿgūn laḥm (m)	معجون لحم
Leber (f)	kebda (f)	كبدة

Hackfleisch (n)	hamburger (m)	هامبورجر
Zunge (f)	lesān (m)	لسان
Ei (n)	beyḍa (f)	بيضة
Eier (pl)	beyḍ (m)	بيض
Eiweiß (n)	bayāḍ el beyḍ (m)	بياض البيض
Eigelb (n)	ṣafār el beyḍ (m)	صفار البيض
Fisch (m)	samak (m)	سمك
Meeresfrüchte (pl)	sīfūd (pl)	سي فود
Kaviar (m)	kaviar (m)	كافيار
Krabbe (f)	kaboria (m)	كابوريا
Garnele (f)	gammbary (m)	جمّبري
Auster (f)	maḥār (m)	محار
Languste (f)	estakoza (m)	استاكوزا
Krake (m)	aχṭabūṭ (m)	أخطبوط
Kalmar (m)	kalmāry (m)	كالماري
Störfleisch (n)	samak el ḥafʃ (m)	سمك الحفش
Lachs (m)	salamon (m)	سلمون
Heilbutt (m)	samak el halbūt (m)	سمك الهلبوت
Dorsch (m)	samak el qadd (m)	سمك القد
Makrele (f)	makerel (m)	ماكريل
Tunfisch (m)	tuna (f)	تونة
Aal (m)	ḥankalīs (m)	حنكليس
Forelle (f)	salamon mera''aṭ (m)	سلمون مرقّط
Sardine (f)	sardīn (m)	سردين
Hecht (m)	samak el karāky (m)	سمك الكراكي
Hering (m)	renga (f)	رنجة
Brot (n)	ʿeyʃ (m)	عيش
Käse (m)	gebna (f)	جبنة
Zucker (m)	sokkar (m)	سكّر
Salz (n)	melḥ (m)	ملح
Reis (m)	rozz (m)	رزّ
Teigwaren (pl)	makaruna (f)	مكرونة
Nudeln (pl)	nūdles (f)	نودلز
Butter (f)	zebda (f)	زبدة
Pflanzenöl (n)	zeyt (m)	زيت
Sonnenblumenöl (n)	zeyt ʿabbād el ʃams (m)	زيت عبّاد الشمس
Margarine (f)	margarīn (m)	مارجرين
Oliven (pl)	zaytūn (m)	زيتون
Olivenöl (n)	zeyt el zaytūn (m)	زيت الزيتون
Milch (f)	laban (m)	لبن
Kondensmilch (f)	ḥalīb mokassaf (m)	حليب مكثّف
Joghurt (m)	zabādy (m)	زبادي
saure Sahne (f)	kreyma ḥamḍa (f)	كريمة حامضة
Sahne (f)	krīma (f)	كريمة
Mayonnaise (f)	mayonnɛ:z (m)	مايونيز

Buttercreme (f)	krīmet zebda (f)	كريمة زبدة
Grütze (f)	ḥobūb 'amḥ (pl)	حبوب قمح
Mehl (n)	de'ī' (m)	دقيق
Konserven (pl)	mo'allabāt (pl)	معلّبات
Maisflocken (pl)	korn fleks (m)	كورن فليكس
Honig (m)	'asal (m)	عسل
Marmelade (f)	mrabba (m)	مربّى
Kaugummi (m, n)	lebān (m)	لبان

53. Getränke

Wasser (n)	meyāh (f)	مياه
Trinkwasser (n)	mayet ʃorb (m)	ميّة شرب
Mineralwasser (n)	maya ma'daniya (f)	ميّة معدنية
still	rakeda	راكدة
mit Kohlensäure	kanz	كانز
mit Gas	kanz	كانز
Eis (n)	talg (m)	ثلج
mit Eis	bel talg	بالتلج
alkoholfrei (Adj)	men ɣeyr koḥūl	من غير كحول
alkoholfreies Getränk (n)	maʃrūb ɣāzy (m)	مشروب غازي
Erfrischungsgetränk (n)	ḥāga sa''a (f)	حاجة ساقعة
Limonade (f)	limonāta (f)	ليموناتة
Spirituosen (pl)	maʃrūbāt koḥūliya (pl)	مشروبات كحولية
Wein (m)	χamra (f)	خمرة
Weißwein (m)	nebīz abyaḍ (m)	نبيذ أبيض
Rotwein (m)	nebī aḥmar (m)	نبيذ أحمر
Likör (m)	liqure (m)	ليكيور
Champagner (m)	ʃambania (f)	شمبانيا
Wermut (m)	vermote (m)	فيرموت
Whisky (m)	wiski (m)	ويسكي
Wodka (m)	vodka (f)	فودكا
Gin (m)	ʒin (m)	جين
Kognak (m)	konyāk (m)	كونياك
Rum (m)	rum (m)	رم
Kaffee (m)	'ahwa (f)	قهوة
schwarzer Kaffee (m)	'ahwa sāda (f)	قهوة سادة
Milchkaffee (m)	'ahwa bel ḥalīb (f)	قهوة بالحليب
Cappuccino (m)	kaputʃino (m)	كابتشينو
Pulverkaffee (m)	neskafe (m)	نيسكافيه
Milch (f)	laban (m)	لبن
Cocktail (m)	koktayl (m)	كوكتيل
Milchcocktail (m)	milk ʃejk (m)	ميلك شيك
Saft (m)	'aṣīr (m)	عصير
Tomatensaft (m)	'aṣīr ṭamāṭem (m)	عصير طماطم

Orangensaft (m)	'aṣīr bortoqāl (m)	عصير برتقال
frisch gepresster Saft (m)	'aṣīr freʃ (m)	عصير فريش
Bier (n)	bīra (f)	بيرة
Helles (n)	bīra χafīfa (f)	بيرة خفيفة
Dunkelbier (n)	bīra ɣam'a (f)	بيرة غامقة
Tee (m)	ʃāy (m)	شاي
schwarzer Tee (m)	ʃāy aḥmar (m)	شاي أحمر
grüner Tee (m)	ʃāy aχḍar (m)	شاي أخضر

54. Gemüse

Gemüse (n)	χoḍār (pl)	خضار
grünes Gemüse (pl)	χoḍrawāt waraqiya (pl)	خضروات ورقية
Tomate (f)	ṭamāṭem (f)	طماطم
Gurke (f)	χeyār (m)	خيار
Karotte (f)	gazar (m)	جزر
Kartoffel (f)	baṭāṭes (f)	بطاطس
Zwiebel (f)	baṣal (m)	بصل
Knoblauch (m)	tūm (m)	ثوم
Kohl (m)	koronb (m)	كرنب
Blumenkohl (m)	'arnabīṭ (m)	قرنبيط
Rosenkohl (m)	koronb broksel (m)	كرنب بروكسل
Brokkoli (m)	brokkoli (m)	بركولي
Rote Bete (f)	bangar (m)	بنجر
Aubergine (f)	bātengān (m)	باذنجان
Zucchini (f)	kōsa (f)	كوسة
Kürbis (m)	qar' 'asaly (m)	قرع عسلي
Rübe (f)	left (m)	لفت
Petersilie (f)	ba'dūnes (m)	بقدونس
Dill (m)	ʃabat (m)	شبت
Kopf Salat (m)	χass (m)	خس
Sellerie (m)	karfas (m)	كرفس
Spargel (m)	helione (m)	هليون
Spinat (m)	sabāneχ (m)	سبانخ
Erbse (f)	besella (f)	بسلة
Bohnen (pl)	fūl (m)	فول
Mais (m)	dora (f)	ذرة
weiße Bohne (f)	faṣolya (f)	فاصوليا
Paprika (m)	felfel (m)	فلفل
Radieschen (n)	fegl (m)	فجل
Artischocke (f)	χarʃūf (m)	خرشوف

55. Obst. Nüsse

Frucht (f)	faχa (f)	فاكهة
Apfel (m)	toffāḥa (f)	تفاحة

Birne (f)	komettra (f)	كمّثرى
Zitrone (f)	lymūn (m)	ليمون
Apfelsine (f)	bortoqāl (m)	برتقال
Erdbeere (f)	farawla (f)	فراولة
Mandarine (f)	yosfy (m)	يوسفي
Pflaume (f)	bar'ū' (m)	برقوق
Pfirsich (m)	χawχa (f)	خوخة
Aprikose (f)	meʃmeʃ (f)	مشمش
Himbeere (f)	tūt el 'alī' el aḥmar (m)	توت العليق الأحمر
Ananas (f)	ananās (m)	أناناس
Banane (f)	moze (m)	موز
Wassermelone (f)	baṭṭīχ (m)	بطّيخ
Weintrauben (pl)	'enab (m)	عنب
Kirsche (f)	karaz (m)	كرز
Melone (f)	ʃammām (f)	شمّام
Grapefruit (f)	grabe frūt (m)	جريب فروت
Avocado (f)	avokado (f)	افوكاتو
Papaya (f)	babāya (m)	ببايا
Mango (f)	manga (m)	مانجة
Granatapfel (m)	rommān (m)	رمان
rote Johannisbeere (f)	keʃmeʃ aḥmar (m)	كشمش أحمر
schwarze Johannisbeere (f)	keʃmeʃ aswad (m)	كشمش أسود
Stachelbeere (f)	'enab el sa'lab (m)	عنب الثعلب
Heidelbeere (f)	'enab al aḥrāg (m)	عنب الأحراج
Brombeere (f)	tūt aswad (m)	توت أسود
Rosinen (pl)	zebīb (m)	زبيب
Feige (f)	tīn (m)	تين
Dattel (f)	tamr (m)	تمر
Erdnuss (f)	fūl sudāny (m)	فول سوداني
Mandel (f)	loze (m)	لوز
Walnuss (f)	'eyn gamal (f)	عين الجمل
Haselnuss (f)	bondo' (m)	بندق
Kokosnuss (f)	goze el hend (m)	جوز هند
Pistazien (pl)	fosto' (m)	فستق

56. Brot. Süßigkeiten

Konditorwaren (pl)	ḥalawīāt (pl)	حلويّات
Brot (n)	'eyʃ (m)	عيش
Keks (m, n)	baskawīt (m)	بسكويت
Schokolade (f)	ʃokolāta (f)	شكولاتة
Schokoladen-	bel ʃokolāṭa	بالشكولاتة
Bonbon (m, n)	bonbony (m)	بونبوني
Kuchen (m)	keyka (f)	كيكة
Torte (f)	torta (f)	تورتة
Kuchen (Apfel-)	feṭīra (f)	فطيرة
Füllung (f)	ḥaʃwa (f)	حشوة

Konfitüre (f)	mrabba (m)	مربّى
Marmelade (f)	marmalād (f)	مرملاد
Waffeln (pl)	waffles (pl)	وافلز
Eis (n)	'ays krīm (m)	آيس كريم
Pudding (m)	būding (m)	بودنج

57. Gewürze

Salz (n)	melḥ (m)	ملح
salzig (Adj)	māleḥ	مالِح
salzen (vt)	rasʃ malḥ	رشّ ملح
schwarzer Pfeffer (m)	felfel aswad (m)	فلفل أسوّد
roter Pfeffer (m)	felfel aḥmar (m)	فلفل أحمر
Senf (m)	mosṭarda (m)	مسطردة
Meerrettich (m)	fegl ḥār (m)	فجل حار
Gewürz (n)	bahār (m)	بهار
Gewürz (n)	bahār (m)	بهار
Soße (f)	ṣalṣa (f)	صلصة
Essig (m)	χall (m)	خلّ
Anis (m)	yansūn (m)	ينسون
Basilikum (n)	rīḥān (m)	ريحان
Nelke (f)	'oronfol (m)	قرنفل
Ingwer (m)	zangabīl (m)	زنجبيل
Koriander (m)	kozbora (f)	كزبرة
Zimt (m)	'erfa (f)	قرفة
Sesam (m)	semsem (m)	سمسم
Lorbeerblatt (n)	wara' el ɣār (m)	ورق الغار
Paprika (m)	babrika (f)	بابريكا
Kümmel (m)	karawya (f)	كراوية
Safran (m)	za'farān (m)	زعفران

PERSÖNLICHE INFORMATIONEN. FAMILIE

58. Persönliche Informationen. Formulare

Vorname (m)	esm (m)	اسم
Name (m)	esm el 'a'ela (m)	اسم العائلة
Geburtsdatum (n)	tarīχ el melād (m)	تاريخ الميلاد
Geburtsort (m)	makān el melād (m)	مكان الميلاد
Nationalität (f)	gensiya (f)	جنسيّة
Wohnort (m)	maqarr el eqāma (m)	مقرّ الإقامة
Land (n)	balad (m)	بلد
Beruf (m)	mehna (f)	مهنة
Geschlecht (n)	ginss (m)	جنس
Größe (f)	ṭūl (m)	طول
Gewicht (n)	wazn (m)	وزن

59. Familienmitglieder. Verwandte

Mutter (f)	walda (f)	والدة
Vater (m)	wāled (m)	والد
Sohn (m)	walad (m)	ولد
Tochter (f)	bent (f)	بنت
jüngste Tochter (f)	el bent el saɣīra (f)	البنت الصغيرة
jüngste Sohn (m)	el ebn el saɣīr (m)	الابن الصغير
ältere Tochter (f)	el bent el kebīra (f)	البنت الكبيرة
älterer Sohn (m)	el ebn el kabīr (m)	الابن الكبير
Bruder (m)	aχ (m)	أخ
älterer Bruder (m)	el aχ el kibīr (m)	الأخ الكبير
jüngerer Bruder (m)	el aχ el ṣoɣeyyir (m)	الأخ الصغير
Schwester (f)	oχt (f)	أخت
ältere Schwester (f)	el uχt el kibīra (f)	الأخت الكبيرة
jüngere Schwester (f)	el uχt el ṣoɣeyyira (f)	الأخت الصغيرة
Cousin (m)	ibn 'amm (m), ibn χāl (m)	إبن عمّ, إبن خال
Cousine (f)	bint 'amm (f), bint χāl (f)	بنت عم, بنت خال
Mama (f)	mama (f)	ماما
Papa (m)	baba (m)	بابا
Eltern (pl)	waldeyn (du)	والدين
Kind (n)	ṭefl (m)	طفل
Kinder (pl)	aṭfāl (pl)	أطفال
Großmutter (f)	gedda (f)	جدّة
Großvater (m)	gadd (m)	جدّ
Enkel (m)	ḥafīd (m)	حفيد

Enkelin (f)	ḥafīda (f)	حفيدة
Enkelkinder (pl)	aḥfād (pl)	أحفاد
Onkel (m)	ʻamm (m), χāl (m)	عمّ, خال
Tante (f)	ʻamma (f), χāla (f)	عمة, خالة
Neffe (m)	ibn el aχ (m), ibn el uχt (m)	إبن الأخ, إبن الأخت
Nichte (f)	bint el aχ (f), bint el uχt (f)	بنت الأخ, بنت الأخت
Schwiegermutter (f)	ḥamah (f)	حماة
Schwiegervater (m)	ḥama (m)	حما
Schwiegersohn (m)	goze el bent (m)	جوز البنت
Stiefmutter (f)	merāt el abb (f)	مرات الأب
Stiefvater (m)	goze el omm (m)	جوز الأم
Säugling (m)	ṭefl raḍeeʻ (m)	طفل رضيع
Kleinkind (n)	mawlūd (m)	موّلود
Kleine (m)	walad ṣaɣīr (m)	ولد صغير
Frau (f)	goza (f)	جوزة
Mann (m)	goze (m)	جوز
Ehemann (m)	goze (m)	جوز
Gemahlin (f)	goza (f)	جوزة
verheiratet (Ehemann)	metgawwez	متجوّز
verheiratet (Ehefrau)	metgawweza	متجوّزة
ledig	aʻzab	أعزب
Junggeselle (m)	aʻzab (m)	أعزب
geschieden (Adj)	moṭallaq (m)	مطلّق
Witwe (f)	armala (f)	أرملة
Witwer (m)	armal (m)	أرمل
Verwandte (m)	ʼarīb (m)	قريب
naher Verwandter (m)	nesīb ʼarīb (m)	نسيب قريب
entfernter Verwandter (m)	nesīb beʻīd (m)	نسيب بعيد
Verwandte (pl)	aqāreb (pl)	أقارب
Waise (m, f)	yatīm (m)	يتيم
Vormund (m)	walyī amr (m)	وليّ أمر
adoptieren (einen Jungen)	tabanna	تبنّى
adoptieren (ein Mädchen)	tabanna	تبنّى

60. Freunde. Arbeitskollegen

Freund (m)	ṣadīq (m)	صديق
Freundin (f)	ṣadīqa (f)	صديقة
Freundschaft (f)	ṣadāqa (f)	صداقة
befreundet sein	ṣādaq	صادق
Freund (m)	ṣāḥeb (m)	صاحب
Freundin (f)	ṣaḥba (f)	صاحبة
Partner (m)	rafīʼ (m)	رفيق
Chef (m)	raʼīs (m)	رئيس
Vorgesetzte (m)	el arfaʻ maqāman (m)	الأرفع مقاماً
Besitzer (m)	ṣāḥib (m)	صاحب

Untergeordnete (m)	tābe' (m)	تابع
Kollege (m), Kollegin (f)	zamīl (m)	زميل
Bekannte (m)	ma'refa (m)	معرفة
Reisegefährte (m)	rafī' safar (m)	رفيق سفر
Mitschüler (m)	zamīl fel ṣaff (m)	زميل في الصفّ
Nachbar (m)	gār (m)	جار
Nachbarin (f)	gāra (f)	جارة
Nachbarn (pl)	gerān (pl)	جيران

MENSCHLICHER KÖRPER. MEDIZIN

61. Kopf

Kopf (m)	ra's (m)	رأس
Gesicht (n)	weʃ (m)	وش
Nase (f)	manaχīr (m)	مناخير
Mund (m)	bo' (m)	بوء
Auge (n)	'eyn (f)	عين
Augen (pl)	'oyūn (pl)	عيون
Pupille (f)	ḥad'a (f)	حدقة
Augenbraue (f)	ḥāgeb (m)	حاجب
Wimper (f)	remʃ (m)	رمش
Augenlid (n)	gefn (m)	جفن
Zunge (f)	lesān (m)	لسان
Zahn (m)	senna (f)	سنّة
Lippen (pl)	ʃafāyef (pl)	شفايف
Backenknochen (pl)	'aḍmet el χadd (f)	عضمة الخدّ
Zahnfleisch (n)	lassa (f)	لثّة
Gaumen (m)	ḥanak (m)	حنك
Nasenlöcher (pl)	manaχer (pl)	مناخر
Kinn (n)	da''n (m)	دقن
Kiefer (m)	fakk (m)	فكّ
Wange (f)	χadd (m)	خدّ
Stirn (f)	gabha (f)	جبهة
Schläfe (f)	ṣedɣ (m)	صدغ
Ohr (n)	wedn (f)	ودن
Nacken (m)	'afa (m)	قفا
Hals (m)	ra'aba (f)	رقبة
Kehle (f)	zore (m)	زور
Haare (pl)	ʃa'r (m)	شعر
Frisur (f)	tasrīḥa (f)	تسريحة
Haarschnitt (m)	tasrīḥa (f)	تسريحة
Perücke (f)	barūka (f)	باروكة
Schnurrbart (m)	ʃanab (pl)	شنب
Bart (m)	leḥya (f)	لحية
haben (einen Bart ~)	'ando	عنده
Zopf (m)	ḍefīra (f)	ضفيرة
Backenbart (m)	sawālef (pl)	سوالف
rothaarig	aḥmar el ʃa'r	أحمر الشعر
grau	ʃa'r abyaḍ	شعر أبيض
kahl	aṣla'	أصلع
Glatze (f)	ṣala' (m)	صلع

Pferdeschwanz (m)	deyl ḥoṣān (m)	ديل حصان
Pony (Ponyfrisur)	ʾoṣṣa (f)	قصّة

62. Menschlicher Körper

Hand (f)	yad (m)	يد
Arm (m)	derāʿ (f)	دراع
Finger (m)	ṣobāʿ (m)	صباع
Zehe (f)	ṣobāʿ el ʾadam (m)	صباع القدم
Daumen (m)	ebhām (m)	إبهام
kleiner Finger (m)	χonṣor (m)	خنصر
Nagel (m)	ḍefr (m)	ضفر
Faust (f)	qabḍa (f)	قبضة
Handfläche (f)	kaff (f)	كفّ
Handgelenk (n)	meʿṣam (m)	معصم
Unterarm (m)	sāʿed (m)	ساعد
Ellbogen (m)	kūʿ (m)	كوع
Schulter (f)	ketf (f)	كتف
Bein (n)	regl (f)	رجل
Fuß (m)	qadam (f)	قدم
Knie (n)	rokba (f)	ركبة
Wade (f)	semmāna (f)	سمّانة
Hüfte (f)	faχd (f)	فخد
Ferse (f)	kaʿb (m)	كعب
Körper (m)	gesm (m)	جسم
Bauch (m)	baṭn (m)	بطن
Brust (f)	ṣedr (m)	صدر
Busen (m)	sady (m)	ثدي
Seite (f), Flanke (f)	ganb (m)	جنب
Rücken (m)	ḍahr (m)	ضهر
Kreuz (n)	asfal el ḍahr (m)	أسفل الضهر
Taille (f)	wesṭ (f)	وسط
Nabel (m)	sorra (f)	سرّة
Gesäßbacken (pl)	ardāf (pl)	أرداف
Hinterteil (n)	debr (m)	دبر
Leberfleck (m)	ʃāma (f)	شامة
Muttermal (n)	waḥma	وحمة
Tätowierung (f)	waʃm (m)	وشم
Narbe (f)	nadba (f)	ندبة

63. Krankheiten

Krankheit (f)	maraḍ (m)	مرض
krank sein	mereḍ	مرض
Gesundheit (f)	ṣeḥḥa (f)	صحّة
Schnupfen (m)	raʃ-ḥ fel anf (m)	رشح في الأنف

Angina (f)	eltehāb el lawzateyn (m)	إلتهاب اللوزتين
Erkältung (f)	zokām (m)	زكام
sich erkälten	gālo bard	جاله برد
Bronchitis (f)	eltehāb ʃoʿaby (m)	إلتهاب شعبيّ
Lungenentzündung (f)	eltehāb raʾawy (m)	إلتهاب رئوي
Grippe (f)	influenza (f)	إنفلونزا
kurzsichtig	ʾaṣīr el naẓar	قصير النظر
weitsichtig	beʿīd el naẓar	بعيد النظر
Schielen (n)	ḥawal (m)	حوّل
schielend (Adj)	aḥwal	أحوّل
grauer Star (m)	katarakt (f)	كاتاراكت
Glaukom (n)	glawkoma (f)	جلوكوما
Schlaganfall (m)	sakta (f)	سكتة
Infarkt (m)	azma ʾalbiya (f)	أزمة قلبية
Herzinfarkt (m)	nawba ʾalbiya (f)	نوبة قلبية
Lähmung (f)	ʃalal (m)	شلل
lähmen (vt)	ʃall	شلّ
Allergie (f)	ḥasasiya (f)	حساسيّة
Asthma (n)	rabw (m)	ربو
Diabetes (m)	dāʾ el sokkary (m)	داء السكّري
Zahnschmerz (m)	alam asnān (m)	ألم الأسنان
Karies (f)	naχr el asnān (m)	نخر الأسنان
Durchfall (m)	es-hāl (m)	إسهال
Verstopfung (f)	emsāk (m)	إمساك
Magenverstimmung (f)	eḍṭrāb el meʿda (m)	إضطراب المعدة
Vergiftung (f)	tasammom (m)	تسمم
Vergiftung bekommen	etsammem	إتسمّم
Arthritis (f)	eltehāb el mafāṣel (m)	إلتهاب المفاصل
Rachitis (f)	kosāḥ el aṭfāl (m)	كساح الأطفال
Rheumatismus (m)	rheumatism (m)	روماتزم
Atherosklerose (f)	taṣṣallob el ʃarayīn (m)	تصلّب الشرايين
Gastritis (f)	eltehāb el meʿda (m)	إلتهاب المعدة
Blinddarmentzündung (f)	eltehāb el zayda el dūdiya (m)	إلتهاب الزائدة الدودية
Cholezystitis (f)	eltehāb el marāra (m)	إلتهاب المرارة
Geschwür (n)	qorḥa (f)	قرحة
Masern (pl)	maraḍ el ḥaṣba (m)	مرض الحصبة
Röteln (pl)	el ḥaṣba el almaniya (f)	الحصبة الألمانية
Gelbsucht (f)	yaraqān (m)	يرقان
Hepatitis (f)	eltehāb el kabed el vayrūsy (m)	إلتهاب الكبد الفيروسي
Schizophrenie (f)	fuṣām (m)	فصام
Tollwut (f)	dāʾ el kalb (m)	داء الكلب
Neurose (f)	eḍṭrāb ʿaṣaby (m)	إضطراب عصبي
Gehirnerschütterung (f)	ertegāg el moχ (m)	إرتجاج المخ
Krebs (m)	saraṭān (m)	سرطان
Sklerose (f)	taṣṣallob (m)	تصلّب

multiple Sklerose (f)	tassallob mota'added (m)	تصلّب متعدّد
Alkoholismus (m)	edmān el χamr (m)	إدمان الخمر
Alkoholiker (m)	modmen el χamr (m)	مدمن الخمر
Syphilis (f)	syfilis el zehry (m)	سفلس الزهري
AIDS	el eydz (m)	الايدز
Tumor (m)	waram (m)	ورم
bösartig	χabīs	خبيث
gutartig	ḥamīd (m)	حميد
Fieber (n)	ḥomma (f)	حمّى
Malaria (f)	malaria (f)	ملاريا
Gangrän (f, n)	ɣanɣarīna (f)	غنغرينا
Seekrankheit (f)	dawār el baḥr (m)	دوار البحر
Epilepsie (f)	maraḍ el ṣara' (m)	مرض الصرع
Epidemie (f)	wabā' (m)	وباء
Typhus (m)	tyfus (m)	تيفوس
Tuberkulose (f)	maraḍ el soll (m)	مرض السلّ
Cholera (f)	kōlīra (f)	كوليرا
Pest (f)	ṭa'ūn (m)	طاعون

64. Symptome. Behandlungen. Teil 1

Symptom (n)	'araḍ (m)	عرض
Temperatur (f)	ḥarāra (f)	حرارة
Fieber (n)	ḥomma (f)	حمّى
Puls (m)	nabḍ (m)	نبض
Schwindel (m)	dawχa (f)	دوخة
heiß (Stirne usw.)	soχn	سخن
Schüttelfrost (m)	ra'ʃa (f)	رعشة
blass (z.B. -es Gesicht)	aṣfar	أصفر
Husten (m)	koḥḥa (f)	كحّة
husten (vi)	kaḥḥ	كحّ
niesen (vi)	'aṭas	عطس
Ohnmacht (f)	dawχa (f)	دوخة
ohnmächtig werden	oɣma 'aleyh	أغمي عليه
blauer Fleck (m)	kadma (f)	كدمة
Beule (f)	tawarrom (m)	تورّم
sich stoßen	etχabaṭ	إتخبط
Prellung (f)	raḍḍa (f)	رضّة
sich stoßen	etkadam	إتكدم
hinken (vi)	'arag	عرج
Verrenkung (f)	χal' (m)	خلع
ausrenken (vt)	χala'	خلع
Fraktur (f)	kasr (m)	كسر
brechen (Arm usw.)	enkasar	إنكسر
Schnittwunde (f)	garḥ (m)	جرح
sich schneiden	garaḥ nafsoh	جرح نفسه

Blutung (f)	nazīf (m)	نزيف
Verbrennung (f)	ḥar' (m)	حرق
sich verbrennen	et-ḥara'	إتحرق
stechen (vt)	waχaz	وخز
sich stechen	waχaz nafso	وخز نفسه
verletzen (vt)	aṣāb	أصاب
Verletzung (f)	eṣāba (f)	إصابة
Wunde (f)	garḥ (m)	جرح
Trauma (n)	ṣadma (f)	صدمة
irrereden (vi)	haza	هذى
stottern (vi)	tala'sam	تلعثم
Sonnenstich (m)	ḍarabet ʃams (f)	ضربة شمس

65. Symptome. Behandlungen. Teil 2

Schmerz (m)	alam (m)	ألم
Splitter (m)	ʃazya (f)	شظية
Schweiß (m)	'er' (m)	عرق
schwitzen (vi)	'ere'	عرق
Erbrechen (n)	targee' (m)	ترجيع
Krämpfe (pl)	taʃonnogāt (pl)	تشنّجات
schwanger	ḥāmel	حامل
geboren sein	etwalad	اتوّلد
Geburt (f)	welāda (f)	ولادة
gebären (vt)	walad	ولد
Abtreibung (f)	eg-hāḍ (m)	إجهاض
Atem (m)	tanaffos (m)	تنفّس
Atemzug (m)	estenʃāq (m)	إستنشاق
Ausatmung (f)	zafīr (m)	زفير
ausatmen (vt)	zafar	زفر
einatmen (vt)	estanʃaq	إستنشق
Invalide (m)	mo'āq (m)	معاق
Krüppel (m)	moq'ad (m)	مقعد
Drogenabhängiger (m)	modmen moχaddarāt (m)	مدمن مخدّرات
taub	aṭraʃ	أطرش
stumm	aχras	أخرس
taubstumm	aṭraʃ aχras	أطرش أخرس
verrückt (Adj)	magnūn (m)	مجنون
Irre (m)	magnūn (m)	مجنون
Irre (f)	magnūna (f)	مجنونة
den Verstand verlieren	etgannen	اتجنّن
Gen (n)	ʒīn (m)	جين
Immunität (f)	manā'a (f)	مناعة
erblich	werāsy	وراثي
angeboren	χolqy men el welāda	خلقي من الولادة

Virus (m, n)	virūs (m)	فيروس
Mikrobe (f)	mikrūb (m)	ميكروب
Bakterie (f)	garsūma (f)	جرثومة
Infektion (f)	'adwa (f)	عدوى

66. Symptome. Behandlungen. Teil 3

Krankenhaus (n)	mostaʃfa (m)	مستشفى
Patient (m)	marīḍ (m)	مريض
Diagnose (f)	taʃχīṣ (m)	تشخيص
Heilung (f)	ʃefā' (m)	شفاء
Behandlung (f)	'elāg ṭebby (m)	علاج طبي
Behandlung bekommen	et'āleg	اتعالج
behandeln (vt)	'ālag	عالج
pflegen (Kranke)	marraḍ	مرّض
Pflege (f)	'enāya (f)	عناية
Operation (f)	'amaliya grāḥiya (f)	عمليّة جراحية
verbinden (vt)	ḍammad	ضمّد
Verband (m)	taḍmīd (m)	تضميد
Impfung (f)	talqīḥ (m)	تلقيح
impfen (vt)	laqqaḥ	لقّح
Spritze (f)	ḥo'na (f)	حقنة
eine Spritze geben	ḥa'an ebra	حقن إبرة
Anfall (m)	nawba (f)	نوبة
Amputation (f)	batr (m)	بتر
amputieren (vt)	batr	بتر
Koma (n)	ɣaybūba (f)	غيبوبة
im Koma liegen	kān fi ḥālet ɣaybūba	كان في حالة غيبوبة
Reanimation (f)	el 'enāya el morakkaza (f)	العناية المركّزة
genesen von ... (vi)	ʃefy	شفي
Zustand (m)	ḥāla (f)	حالة
Bewusstsein (n)	wa'y (m)	وعي
Gedächtnis (n)	zākera (f)	ذاكرة
ziehen (einen Zahn ~)	χala'	خلع
Plombe (f)	ḥaʃww (m)	حشّو
plombieren (vt)	ḥaʃa	حشا
Hypnose (f)	el tanwīm el meɣnaṭīsy (m)	التنويم المغناطيسي
hypnotisieren (vt)	nawwem	نوّم

67. Medizin. Medikamente. Accessoires

Arznei (f)	dawā' (m)	دواء
Heilmittel (n)	'elāg (m)	علاج
verschreiben (vt)	waṣaf	وصف
Rezept (n)	waṣfa (f)	وصفة

Tablette (f)	ʾorṣ (m)	قرص
Salbe (f)	marham (m)	مرهم
Ampulle (f)	ambūla (f)	أمبولة
Mixtur (f)	dawāʾ ʃorb (m)	دواء شراب
Sirup (m)	ʃarāb (m)	شراب
Pille (f)	ḥabba (f)	حبّة
Pulver (n)	zorūr (m)	ذرور
Verband (m)	ḍammāda ʃāʃ (f)	ضمادة شاش
Watte (f)	ʾoṭn (m)	قطن
Jod (n)	yūd (m)	يود
Pflaster (n)	blaster (m)	بلاستر
Pipette (f)	ʾaṭṭāra (f)	قطّارة
Thermometer (n)	termometr (m)	ترمومتر
Spritze (f)	serennga (f)	سرنّجة
Rollstuhl (m)	korsy motaḥarrek (m)	كرسي متحرك
Krücken (pl)	ʿokkāz (m)	عكّاز
Betäubungsmittel (n)	mosakken (m)	مسكّن
Abführmittel (n)	molayen (m)	مليّن
Spiritus (m)	etanol (m)	إيثانول
Heilkraut (n)	aʿʃāb ṭebbiya (pl)	أعشاب طبّية
Kräuter- (z.B. Kräutertee)	ʿoʃby	عشبي

WOHNUNG

68. Wohnung

Wohnung (f)	ʃa”a (f)	شقّة
Zimmer (n)	oḍa (f)	أوضة
Schlafzimmer (n)	oḍet el nome (f)	أوضة النوم
Esszimmer (n)	oḍet el sofra (f)	أوضة السفرة
Wohnzimmer (n)	oḍet el esteqbāl (f)	أوضة الإستقبال
Arbeitszimmer (n)	maktab (m)	مكتب
Vorzimmer (n)	madχal (m)	مدخل
Badezimmer (n)	ḥammām (m)	حمّام
Toilette (f)	ḥammām (m)	حمّام
Decke (f)	saʼf (m)	سقف
Fußboden (m)	arḍiya (f)	أرضية
Ecke (f)	zawya (f)	زاوية

69. Möbel. Innenausstattung

Möbel (n)	asās (m)	أثاث
Tisch (m)	maktab (m)	مكتب
Stuhl (m)	korsy (m)	كرسي
Bett (n)	serīr (m)	سرير
Sofa (n)	kanaba (f)	كنبة
Sessel (m)	korsy (m)	كرسي
Bücherschrank (m)	χazzānet kotob (f)	خزّانة كتب
Regal (n)	raff (m)	رفّ
Schrank (m)	dolāb (m)	دولاب
Hakenleiste (f)	ʃammāʻa (f)	شمّاعة
Kleiderständer (m)	ʃammāʻa (f)	شمّاعة
Kommode (f)	dolāb adrāg (m)	دولاب أدراج
Couchtisch (m)	ṭarabeyzet el ʼahwa (f)	طرابيزة القهوة
Spiegel (m)	merāya (f)	مراية
Teppich (m)	seggāda (f)	سجّادة
Matte (kleiner Teppich)	seggāda (f)	سجّادة
Kamin (m)	daffāya (f)	دفّاية
Kerze (f)	ʃamʻa (f)	شمعة
Kerzenleuchter (m)	ʃamʻadān (m)	شمعدان
Vorhänge (pl)	satāʼer (pl)	ستائر
Tapete (f)	waraʼ ḥāʼeṭ (m)	ورق حائط

Jalousie (f)	satā'er ofoqiya (pl)	ستائر أفقيّة
Tischlampe (f)	abāʒūr (f)	اباجورة
Leuchte (f)	lammbet ḥā'eṭ (f)	لمّبة حائط
Stehlampe (f)	meṣbāḥ arḍy (m)	مصباح أرضي
Kronleuchter (m)	nagafa (f)	نجفة
Bein (Tischbein usw.)	regl (f)	رجل
Armlehne (f)	masnad (m)	مسند
Lehne (f)	masnad (m)	مسند
Schublade (f)	dorg (m)	درج

70. Bettwäsche

Bettwäsche (f)	bayāḍāt el serīr (pl)	بياضات السرير
Kissen (n)	maχadda (f)	مخدّة
Kissenbezug (m)	kīs el maχadda (m)	كيس المخدّة
Bettdecke (f)	leḥāf (m)	لحاف
Laken (n)	melāya (f)	ملاية
Tagesdecke (f)	ɣaṭā' el serīr (m)	غطاء السرير

71. Küche

Küche (f)	maṭbaχ (m)	مطبخ
Gas (n)	ɣāz (m)	غاز
Gasherd (m)	botoɣāz (m)	بوتوغاز
Elektroherd (m)	forn kaharabā'y (m)	فرن كهربائي
Backofen (m)	forn (m)	فرن
Mikrowellenherd (m)	mikroweyv (m)	ميكروويف
Kühlschrank (m)	tallāga (f)	ثلاجة
Tiefkühltruhe (f)	freyzer (m)	فريزر
Geschirrspülmaschine (f)	ɣassālet aṭbā' (f)	غسّالة أطباق
Fleischwolf (m)	farrāmet laḥm (f)	فرّامة لحم
Saftpresse (f)	'aṣṣāra (f)	عصّارة
Toaster (m)	maḥmaṣet χobz (f)	محمصة خبز
Mixer (m)	χallāṭ (m)	خلّاط
Kaffeemaschine (f)	makinet ṣon' el 'ahwa (f)	ماكينة صنع القهوة
Kaffeekanne (f)	ɣallāya kahraba'iya (f)	غلّاية القهوة
Kaffeemühle (f)	maṭ-ḥanet 'ahwa (f)	مطحنة قهوة
Wasserkessel (m)	ɣallāya (f)	غلّاية
Teekanne (f)	barrād el ʃāy (m)	برّاد الشاي
Deckel (m)	ɣaṭā' (m)	غطاء
Teesieb (n)	maṣfāh el ʃāy (f)	مصفاة الشاي
Löffel (m)	ma'la'a (f)	معلقة
Teelöffel (m)	ma'la'et ʃāy (f)	معلقة شاي
Esslöffel (m)	ma'la'a kebīra (f)	ملعقة كبيرة
Gabel (f)	ʃawka (f)	شوكة
Messer (n)	sekkīna (f)	سكّينة

Geschirr (n)	awāny (pl)	أواني
Teller (m)	ṭaba' (m)	طبق
Untertasse (f)	ṭaba' fengān (m)	طبق فنجان
Schnapsglas (n)	kāsa (f)	كاسة
Glas (n)	kobbāya (f)	كوبّاية
Tasse (f)	fengān (m)	فنجان
Zuckerdose (f)	sokkariya (f)	سكّريّة
Salzstreuer (m)	mamlaḥa (f)	مملحة
Pfefferstreuer (m)	mobhera (f)	مبهرة
Butterdose (f)	ṭaba' zebda (m)	طبق زبدة
Kochtopf (m)	ḥalla (f)	حلّة
Pfanne (f)	ṭāsa (f)	طاسة
Schöpflöffel (m)	maɣrafa (f)	مغرفة
Durchschlag (m)	maṣfāh (f)	مصفاه
Tablett (n)	ṣeniya (f)	صينيّة
Flasche (f)	ezāza (f)	إزازة
Glas (Einmachglas)	barṭamān (m)	برطمان
Dose (f)	kanz (m)	كانز
Flaschenöffner (m)	fattāḥa (f)	فتّاحة
Dosenöffner (m)	fattāḥa (f)	فتّاحة
Korkenzieher (m)	barrīma (f)	بريّمة
Filter (n)	filter (m)	فلتر
filtern (vt)	ṣaffa	صفّى
Müll (m)	zebāla (f)	زبالة
Mülleimer, Treteimer (m)	ṣandū' el zebāla (m)	صندوق الزبالة

72. Bad

Badezimmer (n)	ḥammām (m)	حمّام
Wasser (n)	meyāh (f)	مياه
Wasserhahn (m)	ḥanafiya (f)	حنفيّة
Warmwasser (n)	maya soxna (f)	مايّة سخنة
Kaltwasser (n)	maya barda (f)	مايّة باردة
Zahnpasta (f)	ma'gūn asnān (m)	معجون أسنان
Zähne putzen	naḍḍaf el asnān	نظّف الأسنان
Zahnbürste (f)	forʃet senān (f)	فرشة أسنان
sich rasieren	ḥala'	حلق
Rasierschaum (m)	raɣwa lel ḥelā'a (f)	رغوة للحلاقة
Rasierer (m)	mūs (m)	موس
waschen (vt)	ɣasal	غسل
sich waschen	estaḥamma	إستحمّى
Dusche (f)	doʃ (m)	دوش
sich duschen	axad doʃ	أخد دوش
Badewanne (f)	banyo (m)	بانيو
Klosettbecken (n)	twalet (m)	تواليت

Waschbecken (n)	ḥoḍe (m)	حوض
Seife (f)	ṣabūn (m)	صابون
Seifenschale (f)	ṣabbāna (f)	صبّانة
Schwamm (m)	līfa (f)	ليفة
Shampoo (n)	ʃambū (m)	شامبو
Handtuch (n)	fūṭa (f)	فوطة
Bademantel (m)	robe el ḥammām (m)	روب حمّام
Wäsche (f)	ɣasīl (m)	غسيل
Waschmaschine (f)	ɣassāla (f)	غسّالة
waschen (vt)	ɣasal el malābes	غسل الملابس
Waschpulver (n)	mas-ḥū' ɣasīl (m)	مسحوق غسيل

73. Haushaltsgeräte

Fernseher (m)	televizion (m)	تليفزيون
Tonbandgerät (n)	gehāz tasgīl (m)	جهاز تسجيل
Videorekorder (m)	'āla tasgīl video (f)	آلة تسجيل فيديو
Empfänger (m)	gehāz radio (m)	جهاز راديو
Player (m)	blayer (m)	بليير
Videoprojektor (m)	gehāz 'arḍ (m)	جهاز عرض
Heimkino (n)	sinema manzeliya (f)	سينما منزليّة
DVD-Player (m)	dividī blayer (m)	دي في دي بليير
Verstärker (m)	mokabbaer el ṣote (m)	مكبّر الصوت
Spielkonsole (f)	'ātāry (m)	أتاري
Videokamera (f)	kamera video (f)	كاميرا فيديو
Kamera (f)	kamera (f)	كاميرا
Digitalkamera (f)	kamera diʒital (f)	كاميرا ديجيتال
Staubsauger (m)	maknasa kahraba'iya (f)	مكنسة كهربائيّة
Bügeleisen (n)	makwa (f)	مكواة
Bügelbrett (n)	lawḥet kayī (f)	لوحة كيّ
Telefon (n)	telefon (m)	تليفون
Mobiltelefon (n)	mobile (m)	موبايل
Schreibmaschine (f)	'āla katba (f)	آلة كاتبة
Nähmaschine (f)	makanet el χeyāṭa (f)	مكنة الخياطة
Mikrophon (n)	mikrofon (m)	ميكروفون
Kopfhörer (m)	samma'āt ra'siya (pl)	سمّاعات رأسية
Fernbedienung (f)	remowt kontrol (m)	ريموت كنترول
CD (f)	sidī (m)	سي دي
Kassette (f)	kasett (m)	كاسيت
Schallplatte (f)	esṭewāna mūsīqa (f)	أسطوانة موسيقى

DIE ERDE. WETTER

74. Weltall

Kosmos (m)	faḍā' (m)	فضاء
kosmisch, Raum-	faḍā'y	فضائي
Weltraum (m)	el faḍā' el χāregy (m)	الفضاء الخارجي
All (n)	'ālam (m)	عالم
Universum (n)	el kōn (m)	الكون
Galaxie (f)	el magarra (f)	المجرّة
Stern (m)	negm (m)	نجم
Gestirn (n)	borg (m)	برج
Planet (m)	kawwkab (m)	كوكب
Satellit (m)	'amar ṣenā'y (m)	قمر صناعي
Meteorit (m)	nayzek (m)	نيّزك
Komet (m)	mozannab (m)	مذنّب
Asteroid (m)	kowaykeb (m)	كويكب
Umlaufbahn (f)	madār (m)	مدار
sich drehen	dār	دار
Atmosphäre (f)	el ɣelāf el gawwy (m)	الغلاف الجوّي
Sonne (f)	el ʃams (f)	الشمس
Sonnensystem (n)	el magmū'a el ʃamsiya (f)	المجموعة الشمسيّة
Sonnenfinsternis (f)	kosūf el ʃams (m)	كسوف الشمس
Erde (f)	el arḍ (f)	الأرض
Mond (m)	el 'amar (m)	القمر
Mars (m)	el marrīχ (m)	المرّيخ
Venus (f)	el zahra (f)	الزهرة
Jupiter (m)	el moʃtary (m)	المشتري
Saturn (m)	zoḥḥol (m)	زحل
Merkur (m)	'aṭāred (m)	عطارد
Uran (m)	uranus (m)	اورانوس
Neptun (m)	nibtūn (m)	نبتون
Pluto (m)	bluto (m)	بلوتو
Milchstraße (f)	darb el tebbāna (m)	درب التبّانة
Der Große Bär	el dobb el akbar (m)	الدب الأكبر
Polarstern (m)	negm el 'oṭb (m)	نجم القطب
Marsbewohner (m)	sāken el marrīχ (m)	ساكن المرّيخ
Außerirdischer (m)	faḍā'y (m)	فضائي
außerirdisches Wesen (n)	kā'en faḍā'y (m)	كائن فضائي
fliegende Untertasse (f)	ṭaba' ṭā'er (m)	طبق طائر
Raumschiff (n)	markaba faḍa'iya (f)	مركبة فضائية

Raumstation (f)	maḥaṭṭet faḍā' (f)	محطّة فضاء
Raketenstart (m)	enṭelāq (m)	إنطلاق
Triebwerk (n)	motore (m)	موتور
Düse (f)	manfaθ (m)	منفث
Treibstoff (m)	woqūd (m)	وقود
Kabine (f)	kabīna (f)	كابينة
Antenne (f)	hawā'y (m)	هوائي
Bullauge (n)	kowwa mostadīra (f)	كوّة مستديرة
Sonnenbatterie (f)	lawḥa ʃamsiya (f)	لوحة شمسيّة
Raumanzug (m)	badlet el faḍā' (f)	بدلة الفضاء
Schwerelosigkeit (f)	en'edām wazn (m)	إنعدام الوزن
Sauerstoff (m)	oksiʒīn (m)	أوكسجين
Ankopplung (f)	rasw (m)	رسو
koppeln (vi)	rasa	رسى
Observatorium (n)	marṣad (m)	مرصد
Teleskop (n)	teleskop (m)	تلسكوب
beobachten (vt)	rāqab	راقب
erforschen (vt)	estakʃef	إستكشف

75. Die Erde

Erde (f)	el arḍ (f)	الأرض
Erdkugel (f)	el kora el arḍiya (f)	الكرة الأرضيّة
Planet (m)	kawwkab (m)	كوّكب
Atmosphäre (f)	el ɣelāf el gawwy (m)	الغلاف الجوّي
Geographie (f)	goɣrafia (f)	جغرافيا
Natur (f)	ṭabee'a (f)	طبيعة
Globus (m)	namūzag lel kora el arḍiya (m)	نموذج للكرة الأرضيّة
Landkarte (f)	χarīṭa (f)	خريطة
Atlas (m)	aṭlas (m)	أطلس
Europa (n)	orobba (f)	أوروبّا
Asien (n)	asya (f)	آسيا
Afrika (n)	afreqia (f)	أفريقيا
Australien (n)	ostorālya (f)	أستراليا
Amerika (n)	amrīka (f)	أمريكا
Nordamerika (n)	amrīka el ʃamaliya (f)	أمريكا الشماليّة
Südamerika (n)	amrīka el ganūbiya (f)	أمريكا الجنوبيّة
Antarktis (f)	el qoṭb el ganūby (m)	القطب الجنوبي
Arktis (f)	el qoṭb el ʃamāly (m)	القطب الشمالي

76. Himmelsrichtungen

Norden (m)	ʃemāl (m)	شمال
nach Norden	lel ʃamāl	للشمال

im Norden	fel ʃamāl	في الشمال
nördlich	ʃamāly	شمالي
Süden (m)	ganūb (m)	جنوب
nach Süden	lel ganūb	للجنوب
im Süden	fel ganūb	في الجنوب
südlich	ganūby	جنوبي
Westen (m)	ɣarb (m)	غرب
nach Westen	lel ɣarb	للغرب
im Westen	fel ɣarb	في الغرب
westlich, West-	ɣarby	غربي
Osten (m)	ʃarʾ (m)	شرق
nach Osten	lel ʃarʾ	للشرق
im Osten	fel ʃarʾ	في الشرق
östlich	ʃarʾy	شرقي

77. Meer. Ozean

Meer (n), See (f)	baḥr (m)	بحر
Ozean (m)	moḥīṭ (m)	محيط
Golf (m)	χalīg (m)	خليج
Meerenge (f)	maḍīq (m)	مضيق
Festland (n)	barr (m)	برّ
Kontinent (m)	qārra (f)	قارّة
Insel (f)	gezīra (f)	جزيرة
Halbinsel (f)	ʃebh gezeyra (f)	شبه جزيرة
Archipel (m)	magmūʿet gozor (f)	مجموعة جزر
Bucht (f)	χalīg (m)	خليج
Hafen (m)	mināʾ (m)	ميناء
Lagune (f)	lagūn (m)	لاجون
Kap (n)	raʾs (m)	رأس
Atoll (n)	gezīra morganiya estwaʾiya (f)	جزيرة مرجانيّة إستوائيّة
Riff (n)	ʃoʿāb (pl)	شعاب
Koralle (f)	morgān (m)	مرجان
Korallenriff (n)	ʃoʿāb morganiya (pl)	شعاب مرجانية
tief (Adj)	ʿamīq	عميق
Tiefe (f)	ʿomq (m)	عمق
Abgrund (m)	el ʿomq el saḥīq (m)	العمق السحيق
Graben (m)	χondoq (m)	خندق
Strom (m)	tayār (m)	تيّار
umspülen (vt)	ḥāṭ	حاط
Ufer (n)	sāḥel (m)	ساحل
Küste (f)	sāḥel (m)	ساحل
Flut (f)	tayār (m)	تيّار
Ebbe (f)	gozor (m)	جزر

Sandbank (f)	meyāh ḍaḥla (f)	مياه ضحلة
Boden (m)	qāʿ (m)	قاع
Welle (f)	mouga (f)	موجة
Wellenkamm (m)	qemma (f)	قمّة
Schaum (m)	zabad el baḥr (m)	زبد البحر
Sturm (m)	ʿāṣefa (f)	عاصفة
Orkan (m)	eʿṣār (m)	إعصار
Tsunami (m)	tsunāmy (m)	تسونامي
Windstille (f)	hodūʾ (m)	هدوء
ruhig	hady	هادئ
Pol (m)	ʾoṭb (m)	قطب
Polar-	ʾoṭby	قطبي
Breite (f)	ʿarḍ (m)	عرض
Länge (f)	χaṭṭ ṭūl (m)	خطّ طول
Breitenkreis (m)	motawāz (m)	متواز
Äquator (m)	χaṭṭ el estewāʾ (m)	خطّ الإستواء
Himmel (m)	samāʾ (f)	سماء
Horizont (m)	ofoq (m)	أفق
Luft (f)	hawāʾ (m)	هواء
Leuchtturm (m)	manāra (f)	منارة
tauchen (vi)	ɣāṣ	غاص
versinken (vi)	ɣereʾ	غرق
Schätze (pl)	konūz (pl)	كنوز

78. Namen der Meere und Ozeane

Atlantischer Ozean (m)	el moḥeyṭ el aṭlanṭy (m)	المحيط الأطلنطي
Indischer Ozean (m)	el moḥeyṭ el hendy (m)	المحيط الهندي
Pazifischer Ozean (m)	el moḥeyṭ el hādy (m)	المحيط الهادي
Arktischer Ozean (m)	el moḥeyṭ el motagammed el ʃamāly (m)	المحيط المتجمّد الشمالي
Schwarzes Meer (n)	el baḥr el aswad (m)	البحر الأسود
Rotes Meer (n)	el baḥr el aḥmar (m)	البحر الأحمر
Gelbes Meer (n)	el baḥr el aṣfar (m)	البحر الأصفر
Weißes Meer (n)	el baḥr el abyaḍ (m)	البحر الأبيض
Kaspisches Meer (n)	baḥr qazwīn (m)	بحر قزوين
Totes Meer (n)	el baḥr el mayet (m)	البحر الميّت
Mittelmeer (n)	el baḥr el abyaḍ el motawasseṭ (m)	البحر الأبيض المتوسّط
Ägäisches Meer (n)	baḥr eygah (m)	بحر إيجة
Adriatisches Meer (n)	el baḥr el adreyatīky (m)	البحر الأدرياتيكي
Arabisches Meer (n)	baḥr el ʿarab (m)	بحر العرب
Japanisches Meer (n)	baḥr el yabān (m)	بحر اليابان
Beringmeer (n)	baḥr bering (m)	بحر بيرينغ

Südchinesisches Meer (n)	baḥr el ṣeyn el ganūby (m)	بحر الصين الجنوبي
Korallenmeer (n)	baḥr el morgān (m)	بحر المرجان
Tasmansee (f)	baḥr tazman (m)	بحر تسمان
Karibisches Meer (n)	el baḥr el karību (m)	البحر الكاريبي
Barentssee (f)	baḥr barents (m)	بحر بارنتس
Karasee (f)	baḥr kara (m)	بحر كارا
Nordsee (f)	baḥr el ʃamāl (m)	بحر الشمال
Ostsee (f)	baḥr el balṭīq (m)	بحر البلطيق
Nordmeer (n)	baḥr el nerwīg (m)	بحر النرويج

79. Berge

Berg (m)	gabal (m)	جبل
Gebirgskette (f)	selselet gebāl (f)	سلسلة جبال
Bergrücken (m)	notūʾ el gabal (m)	نتوء الجبل
Gipfel (m)	qemma (f)	قمّة
Spitze (f)	qemma (f)	قمّة
Bergfuß (m)	asfal (m)	أسفل
Abhang (m)	monḥadar (m)	منحدر
Vulkan (m)	borkān (m)	بركان
tätiger Vulkan (m)	borkān naʃeṭ (m)	بركان نشط
schlafender Vulkan (m)	borkān χāmed (m)	بركان خامد
Ausbruch (m)	sawarān (m)	ثوّران
Krater (m)	fawhet el borkān (f)	فوهة البركان
Magma (n)	magma (f)	ماجما
Lava (f)	ḥomam borkāniya (pl)	حمم بركانية
glühend heiß (-e Lava)	monṣahera	منصهرة
Cañon (m)	wādy ḍayeʾ (m)	وادي ضيّق
Schlucht (f)	mamarr ḍayeʾ (m)	ممرّ ضيّق
Spalte (f)	ʃaʾʾ (m)	شقّ
Abgrund (m) (steiler ~)	hāwya (f)	هاوية
Gebirgspass (m)	mamarr gabaly (m)	ممرّ جبلي
Plateau (n)	haḍaba (f)	هضبة
Fels (m)	garf (m)	جرف
Hügel (m)	tall (m)	تلّ
Gletscher (m)	nahr galīdy (m)	نهر جليدي
Wasserfall (m)	ʃallāl (m)	شلّال
Geiser (m)	nabʿ maya ḥāra (m)	نبع ميّة حارة
See (m)	boḥeyra (f)	بحيرة
Ebene (f)	sahl (m)	سهل
Landschaft (f)	manzar ṭabeeʿy (m)	منظر طبيعي
Echo (n)	ṣada (m)	صدى
Bergsteiger (m)	motasalleq el gebāl (m)	متسلّق الجبال
Kletterer (m)	motasalleq ṣoχūr (m)	متسلّق صخور

bezwingen (vt)	taɣallab ʿala	تغلّب على
Aufstieg (m)	tasalloq (m)	تسلّق

80. Namen der Berge

Alpen (pl)	gebāl el alb (pl)	جبال الألب
Montblanc (m)	mōn blōn (m)	مون بلون
Pyrenäen (pl)	gebāl el barānes (pl)	جبال البرانس
Karpaten (pl)	gebāl el karbāt (pl)	جبال الكاربات
Uralgebirge (n)	gebāl el urāl (pl)	جبال الأورال
Kaukasus (m)	gebāl el qoqāz (pl)	جبال القوقاز
Elbrus (m)	gabal elbrus (m)	جبل إلبروس
Altai (m)	gebāl altāy (pl)	جبال ألتاي
Tian Shan (m)	gebāl tian ʃan (pl)	جبال تيان شان
Pamir (m)	gebāl bamir (pl)	جبال بامير
Himalaja (m)	himalāya (pl)	هيمالايا
Everest (m)	gabal everest (m)	جبل افرست
Anden (pl)	gebāl el andīz (pl)	جبال الأنديز
Kilimandscharo (m)	gabal kilimanʒaro (m)	جبل كليمنجارو

81. Flüsse

Fluss (m)	nahr (m)	نهر
Quelle (f)	ʿeyn (m)	عين
Flussbett (n)	magra el nahr (m)	مجرى النهر
Stromgebiet (n)	ḥoḍe (m)	حوض
einmünden in ...	ṣabb fe ...	صبّ في...
Nebenfluss (m)	rāfed (m)	رافد
Ufer (n)	ḍaffa (f)	ضفّة
Strom (m)	tayār (m)	تيّار
stromabwärts	maʿ ettigāh magra el nahr	مع إتّجاه مجرى النهر
stromaufwärts	ḍed el tayār	ضد التيار
Überschwemmung (f)	ɣamr (m)	غمر
Hochwasser (n)	fayaḍān (m)	فيضان
aus den Ufern treten	fāḍ	فاض
überfluten (vt)	ɣamar	غمر
Sandbank (f)	meyāh ḍaḥla (f)	مياه ضحلة
Stromschnelle (f)	monḥadar el nahr (m)	منحدر النهر
Damm (m)	sadd (m)	سدّ
Kanal (m)	qanah (f)	قناة
Stausee (m)	χazzān māʾy (m)	خزّان مائي
Schleuse (f)	bawwāba qanṭara (f)	بوّابة قنطرة
Gewässer (n)	berka (f)	بركة
Sumpf (m), Moor (n)	mostanqaʿ (m)	مستنقع

Marsch (f)	mostanqa‘ (m)	مستنقع
Strudel (m)	dawwāma (f)	دوّامة
Bach (m)	gadwal (m)	جدوَل
Trink- (z.B. Trinkwasser)	el ʃorb	الشرب
Süß- (Wasser)	‘azb	عذب
Eis (n)	galīd (m)	جليد
zufrieren (vi)	etgammed	إتجمّد

82. Namen der Flüsse

Seine (f)	el seyn (m)	السين
Loire (f)	el lua:r (m)	اللوار
Themse (f)	el teymz (m)	التيمز
Rhein (m)	el rayn (m)	الراين
Donau (f)	el danūb (m)	الدانوب
Wolga (f)	el volga (m)	الفولغا
Don (m)	el done (m)	الدون
Lena (f)	lena (m)	لينا
Gelber Fluss (m)	el nahr el aṣfar (m)	النهر الأصفر
Jangtse (m)	el yangesty (m)	اليانغستي
Mekong (m)	el mekong (m)	الميكونغ
Ganges (m)	el ɣang (m)	الغانج
Nil (m)	el nīl (m)	النيل
Kongo (m)	el kongo (m)	الكونغو
Okavango (m)	okavango (m)	أوكافانجو
Sambesi (m)	el zambizi (m)	الزمبيزي
Limpopo (m)	limbobo (m)	ليمبوبو
Mississippi (m)	el mississibbi (m)	الميسيسيبي

83. Wald

Wald (m)	ɣāba (f)	غابة
Wald-	ɣāba	غابة
Dickicht (n)	ɣāba kasīfa (f)	غابة كثيفة
Gehölz (n)	bostān (m)	بستان
Lichtung (f)	ezālet el ɣābāt (f)	إزالة الغابات
Dickicht (n)	agama (f)	أجمة
Gebüsch (n)	arāḍy el ʃogayrāt (pl)	أراضي الشجيرات
Fußweg (m)	mamarr (m)	ممرّ
Erosionsrinne (f)	wādy ḍaye’ (m)	وادي ضيّق
Baum (m)	ʃagara (f)	شجرة
Blatt (n)	wara’a (f)	ورقة

Laub (n)	wara' (m)	ورق
Laubfall (m)	tasā'oṭ el awrā' (m)	تساقط الأوراق
fallen (Blätter)	saqaṭ	سقط
Wipfel (m)	ra's (m)	رأس
Zweig (m)	ɣoṣn (m)	غصن
Ast (m)	ɣoṣn ra'īsy (m)	غصن رئيسي
Knospe (f)	bor'om (m)	برعم
Nadel (f)	ʃawka (f)	شوكة
Zapfen (m)	kūz el ṣnowbar (m)	كوز الصنوبر
Höhlung (f)	gofe (m)	جوف
Nest (n)	'eʃ (m)	عشّ
Höhle (f)	goḥr (m)	جحر
Stamm (m)	gez' (m)	جذع
Wurzel (f)	gezr (m)	جذر
Rinde (f)	leḥā' (m)	لحاء
Moos (n)	ṭaḥlab (m)	طحلب
entwurzeln (vt)	eqtala'	إقتلع
fällen (vt)	'aṭṭa'	قطّع
abholzen (vt)	azāl el ɣabāt	أزال الغابات
Baumstumpf (m)	gez' el ʃagara (m)	جذع الشجرة
Lagerfeuer (n)	nār moχayem (m)	نار مخيّم
Waldbrand (m)	ḥarī' ɣāba (m)	حريق غابة
löschen (vt)	ṭaffa	طفّى
Förster (m)	ḥāres el ɣāba (m)	حارس الغابة
Schutz (m)	ḥemāya (f)	حماية
beschützen (vt)	ḥama	حمى
Wilddieb (m)	sāre' el ṣeyd (m)	سارق الصيد
Falle (f)	maṣyada (f)	مصيّدة
sammeln, pflücken (vt)	gamma'	جمّع
sich verirren	tāh	تاه

84. natürliche Lebensgrundlagen

Naturressourcen (pl)	sarawāt ṭabī'iya (pl)	ثروات طبيعيّة
Bodenschätze (pl)	ma'āden (pl)	معادن
Vorkommen (n)	rawāseb (pl)	رواسب
Feld (Ölfeld usw.)	ḥaql (m)	حقل
gewinnen (vt)	estaχrag	إستخرج
Gewinnung (f)	esteχrāg (m)	إستخراج
Erz (n)	χām (m)	خام
Bergwerk (n)	mangam (m)	منجم
Schacht (m)	mangam (m)	منجم
Bergarbeiter (m)	'āmel mangam (m)	عامل منجم
Erdgas (n)	ɣāz (m)	غاز
Gasleitung (f)	χaṭṭ anabīb ɣāz (m)	خطّ أنابيب غاز

Erdöl (n)	naft (m)	نفط
Erdölleitung (f)	anabīb el naft (pl)	أنابيب النفط
Ölquelle (f)	bīr el naft (m)	بير النفط
Bohrturm (m)	ḥaffāra (f)	حفّارة
Tanker (m)	nāqelet betrūl (f)	ناقلة بترول
Sand (m)	raml (m)	رمل
Kalkstein (m)	ḥagar el kals (m)	حجر الكلس
Kies (m)	ḥaṣa (m)	حصى
Torf (m)	χaθ faḥm nabāty (m)	خث فحم نباتي
Ton (m)	ṭīn (m)	طين
Kohle (f)	faḥm (m)	فحم
Eisen (n)	ḥadīd (m)	حديد
Gold (n)	dahab (m)	ذهب
Silber (n)	faḍḍa (f)	فضّة
Nickel (n)	nikel (m)	نيكل
Kupfer (n)	neḥās (m)	نحاس
Zink (n)	zink (m)	زنك
Mangan (n)	manganīz (m)	منجنيز
Quecksilber (n)	ze'baq (m)	زئبق
Blei (n)	roṣāṣ (m)	رصاص
Mineral (n)	ma'dan (m)	معدن
Kristall (m)	kristāl (m)	كريستال
Marmor (m)	roχām (m)	رخام
Uran (n)	yuranuim (m)	يورانيوم

85. Wetter

Wetter (n)	ṭa's (m)	طقس
Wetterbericht (m)	naʃra gawiya (f)	نشرة جويّة
Temperatur (f)	ḥarāra (f)	حرارة
Thermometer (n)	termometr (m)	ترمومتر
Barometer (n)	barometr (m)	بارومتر
feucht	roṭob	رطب
Feuchtigkeit (f)	roṭūba (f)	رطوبة
Hitze (f)	ḥarāra (f)	حرارة
glutheiß	ḥarr	حارّ
ist heiß	el gaww ḥarr	الجوّ حرّ
ist warm	el gaww dafa	الجوّ دفا
warm (Adj)	dāfe'	دافئ
ist kalt	el gaww bāred	الجوّ بارد
kalt (Adj)	bāred	بارد
Sonne (f)	ʃams (f)	شمس
scheinen (vi)	nawwar	نوّر
sonnig (Adj)	moʃmes	مشمس
aufgehen (vi)	ʃara'	شرق
untergehen (vi)	ɣarab	غرب

Wolke (f)	saḥāba (f)	سحابة
bewölkt, wolkig	meɣayem	مغيّم
Regenwolke (f)	saḥābet maṭar (f)	سحابة مطر
trüb (-er Tag)	meɣayem	مغيّم
Regen (m)	maṭar (m)	مطر
Es regnet	el donia betmaṭṭar	الدنيا بتمطّر
regnerisch (-er Tag)	momṭer	ممطر
nieseln (vi)	maṭṭaret razāz	مطّرت رذاذ
strömender Regen (m)	maṭar monhamer (f)	مطر منهمر
Regenschauer (m)	maṭar ɣazīr (m)	مطر غزير
stark (-er Regen)	ʃedīd	شديد
Pfütze (f)	berka (f)	بركة
nass werden (vi)	ettbal	إتّبل
Nebel (m)	ʃabbūra (f)	شبّورة
neblig (-er Tag)	fih ʃabbūra	فيه شبّورة
Schnee (m)	talg (m)	ثلج
Es schneit	fih talg	فيه ثلج

86. Unwetter Naturkatastrophen

Gewitter (n)	ʿāṣefa raʿdiya (f)	عاصفة رعدية
Blitz (m)	barʾ (m)	برق
blitzen (vi)	baraq	برق
Donner (m)	raʿd (m)	رعد
donnern (vi)	dawa	دوّى
Es donnert	el samāʾ dawat raʿd (f)	السماء دوّت رعد
Hagel (m)	maṭar bard (m)	مطر برد
Es hagelt	maṭṭaret bard	مطّرت برد
überfluten (vt)	ɣamar	غمر
Überschwemmung (f)	fayaḍān (m)	فيضان
Erdbeben (n)	zelzāl (m)	زلزال
Erschütterung (f)	hazza arḍiya (f)	هزّة أرضية
Epizentrum (n)	markaz el zelzāl (m)	مركز الزلزال
Ausbruch (m)	sawarān (m)	ثوّران
Lava (f)	ḥomam borkāniya (pl)	حمم بركانية
Wirbelsturm (m), Tornado (m)	eʿṣār (m)	إعصار
Taifun (m)	tyfūn (m)	طوفان
Orkan (m)	eʿṣār (m)	إعصار
Sturm (m)	ʿāṣefa (f)	عاصفة
Tsunami (m)	tsunāmy (m)	تسونامي
Zyklon (m)	eʿṣār (m)	إعصار
Unwetter (n)	ṭaʾs sayeʾ (m)	طقس سيئ
Brand (m)	ḥarīʾ (m)	حريق

Katastrophe (f)	karsa (f)	كارثة
Meteorit (m)	nayzek (m)	نيّزك
Lawine (f)	enheyār talgy (m)	إنهيار ثلجي
Schneelawine (f)	enheyār talgy (m)	إنهيار ثلجي
Schneegestöber (n)	'āṣefa talgiya (f)	عاصفة ثلجيّة
Schneesturm (m)	'āṣefa talgiya (f)	عاصفة ثلجيّة

FAUNA

87. Säugetiere. Raubtiere

Raubtier (n)	moftares (m)	مفترس
Tiger (m)	nemr (m)	نمر
Löwe (m)	asad (m)	أسد
Wolf (m)	ze'b (m)	ذئب
Fuchs (m)	ta'lab (m)	ثعلب
Jaguar (m)	nemr amrīky (m)	نمر أمريكي
Leopard (m)	fahd (m)	فهد
Gepard (m)	fahd ṣayād (m)	فهد صيّاد
Panther (m)	nemr aswad (m)	نمر أسوّد
Puma (m)	asad el gebāl (m)	أسد الجبال
Schneeleopard (m)	nemr el tolūg (m)	نمر الثلوج
Luchs (m)	waʃaq (m)	وشق
Kojote (m)	qayūṭ (m)	قيوط
Schakal (m)	ebn 'āwy (m)	ابن آوى
Hyäne (f)	ḍeb' (m)	ضبع

88. Tiere in freier Wildbahn

Tier (n)	ḥayawān (m)	حيوان
Bestie (f)	waḥʃ (m)	وحش
Eichhörnchen (n)	sengāb (m)	سنجاب
Igel (m)	qonfoz (m)	قنفذ
Hase (m)	arnab barry (m)	أرنب برّي
Kaninchen (n)	arnab (m)	أرنب
Dachs (m)	ɣarīr (m)	غرير
Waschbär (m)	rakūn (m)	راكون
Hamster (m)	hamster (m)	هامستر
Murmeltier (n)	marmoṭ (m)	مرموط
Maulwurf (m)	χold (m)	خلد
Maus (f)	fār (m)	فأر
Ratte (f)	gerz (m)	جرذ
Fledermaus (f)	χoffāʃ (m)	خفّاش
Hermelin (n)	qāqem (m)	قاقم
Zobel (m)	sammūr (m)	سمّور
Marder (m)	fara'īāt (m)	فرائيات
Wiesel (n)	ebn 'ers (m)	ابن عرس
Nerz (m)	mink (m)	منك

Biber (m)	qondos (m)	قندس
Fischotter (m)	ta'lab maya (m)	ثعلب الميّة
Pferd (n)	ḥoṣān (m)	حصان
Elch (m)	eyl el mūz (m)	أيّل الموظ
Hirsch (m)	ayl (m)	أيل
Kamel (n)	gamal (m)	جمل
Bison (m)	bison (m)	بيسون
Wisent (m)	byson orobby (m)	بيسون أوروبي
Büffel (m)	gamūs (m)	جاموس
Zebra (n)	ḥomār waḥʃy (m)	حمار وحشي
Antilope (f)	ẓaby (m)	ظبي
Reh (n)	yaḥmūr orobby (m)	يحمورأوروبيّ
Damhirsch (m)	eyl asmar orobby (m)	أيّل أسمر أوروبي
Gämse (f)	ʃamwah (f)	شامواه
Wildschwein (n)	χenzīr barry (m)	خنزير برّي
Wal (m)	ḥūt (m)	حوت
Seehund (m)	foqma (f)	فقمة
Walroß (n)	el kab' (m)	الكبع
Seebär (m)	foqmet el farā' (f)	فقمة الفراء
Delfin (m)	dolfīn (m)	دولفين
Bär (m)	dobb (m)	دبّ
Eisbär (m)	dobb 'oṭṭby (m)	دبّ قطبي
Panda (m)	banda (m)	باندا
Affe (m)	'erd (m)	قرد
Schimpanse (m)	ʃimbanzy (m)	شيمبانزي
Orang-Utan (m)	orangutan (m)	أورنغوتان
Gorilla (m)	ɣorella (f)	غوريلا
Makak (m)	'erd el makāk (m)	قرد المكاك
Gibbon (m)	gibbon (m)	جيبون
Elefant (m)	fīl (m)	فيل
Nashorn (n)	χartīt (m)	خرتيت
Giraffe (f)	zarāfa (f)	زرافة
Flusspferd (n)	faras el nahr (m)	فرس النهر
Känguru (n)	kangarū (m)	كانجارو
Koala (m)	el koala (m)	الكوالا
Manguste (f)	nems (m)	نمس
Chinchilla (n)	ʃenʃīla (f)	شنشيلة
Stinktier (n)	ẓerbān (m)	ظربان
Stachelschwein (n)	nīṣ (m)	نيص

89. Haustiere

Katze (f)	'oṭṭa (f)	قطّة
Kater (m)	'oṭṭ (m)	قطّ
Hund (m)	kalb (m)	كلب

Pferd (n)	ḥoṣān (m)	حصان
Hengst (m)	χeyl faḥl (m)	خيل فحل
Stute (f)	faras (f)	فرس
Kuh (f)	ba'ara (f)	بقرة
Stier (m)	sore (m)	ثور
Ochse (m)	sore (m)	ثور
Schaf (n)	χarūf (f)	خروف
Widder (m)	kebʃ (m)	كبش
Ziege (f)	me'za (f)	معزة
Ziegenbock (m)	mā'ez zakar (m)	ماعز ذكر
Esel (m)	ḥomār (m)	حمار
Maultier (n)	baɣl (m)	بغل
Schwein (n)	χenzīr (m)	خنزير
Ferkel (n)	χannūṣ (m)	خنّوص
Kaninchen (n)	arnab (m)	أرنب
Huhn (n)	farχa (f)	فرخة
Hahn (m)	dīk (m)	ديك
Ente (f)	baṭṭa (f)	بطّة
Enterich (m)	dakar el baṭṭ (m)	ذكر البط
Gans (f)	wezza (f)	وزّة
Puter (m)	dīk rūmy (m)	ديك رومي
Pute (f)	dīk rūmy (m)	ديك رومي
Haustiere (pl)	ḥayawānāt dawāgen (pl)	حيوانات دواجن
zahm	alīf	أليف
zähmen (vt)	rawweḍ	روّض
züchten (vt)	rabba	ربّى
Farm (f)	mazra'a (f)	مزرعة
Geflügel (n)	dawāgen (pl)	دواجن
Vieh (n)	māʃeya (f)	ماشية
Herde (f)	qaṭee' (m)	قطيع
Pferdestall (m)	esṭabl χeyl (m)	إسطبل خيل
Schweinestall (m)	ḥazīret χanazīr (f)	حظيرة الخنازير
Kuhstall (m)	zerībet el ba'ar (f)	زريبة البقر
Kaninchenstall (m)	qan el arāneb (m)	قن الأرانب
Hühnerstall (m)	qan el ferāχ (m)	قن الفراخ

90. Vögel

Vogel (m)	ṭā'er (m)	طائر
Taube (f)	ḥamāma (f)	حمامة
Spatz (m)	'aṣfūr dawri (m)	عصفور دوري
Meise (f)	qarqaf (m)	قرقف
Elster (f)	'a''a' (m)	عقعق
Rabe (m)	ɣorāb aswad (m)	غراب أسود

Krähe (f)	ɣorāb (m)	غراب
Dohle (f)	zāɣ zarʿy (m)	زاغ زرعي
Saatkrähe (f)	ɣorāb el qeyẓ (m)	غراب القيظ
Ente (f)	baṭṭa (f)	بطّة
Gans (f)	wezza (f)	وزّة
Fasan (m)	tadarrog (m)	تدرج
Adler (m)	ʿeqāb (m)	عقاب
Habicht (m)	el bāz (m)	الباز
Falke (m)	ṣaʾr (m)	صقر
Greif (m)	nesr (m)	نسر
Kondor (m)	kondor (m)	كندور
Schwan (m)	el temm (m)	التّم
Kranich (m)	karkiya (m)	كركية
Storch (m)	loqloq (m)	لقلق
Papagei (m)	babaɣāʾ (m)	ببغاء
Kolibri (m)	ṭannān (m)	طنّان
Pfau (m)	ṭawūs (m)	طاووس
Strauß (m)	naʿāma (f)	نعامة
Reiher (m)	belʃone (m)	بلشون
Flamingo (m)	flamingo (m)	فلامينجو
Pelikan (m)	bagʿa (f)	بجعة
Nachtigall (f)	ʿandalīb (m)	عندليب
Schwalbe (f)	el sonūnū (m)	السنونو
Drossel (f)	somnet el ḥoqūl (m)	سمنة الحقول
Singdrossel (f)	somna moɣarreda (m)	سمنة مغرّدة
Amsel (f)	ʃaḥrūr aswad (m)	شحرور أسود
Segler (m)	semmāma (m)	سمّامة
Lerche (f)	qabra (f)	قبرة
Wachtel (f)	semmān (m)	سمّان
Specht (m)	naʾār el χaʃab (m)	نقار الخشب
Kuckuck (m)	weqwāq (m)	وقواق
Eule (f)	būma (f)	بومة
Uhu (m)	būm orāsy (m)	بوم أوراسي
Auerhahn (m)	dīk el χalang (m)	ديك الخلنج
Birkhahn (m)	ṭyhūg aswad (m)	طيهوج أسود
Rebhuhn (n)	el ḥagal (m)	الحجل
Star (m)	zerzūr (m)	زرزور
Kanarienvogel (m)	kanāry (m)	كناري
Haselhuhn (n)	ṭyhūg el bondoʾ (m)	طيهوج البندق
Buchfink (m)	ʃarʃūr (m)	شرشور
Gimpel (m)	deɣnāʃ (m)	دغناش
Möwe (f)	nawras (m)	نورس
Albatros (m)	el qoṭros (m)	القطرس
Pinguin (m)	beṭrīq (m)	بطريق

91. Fische. Meerestiere

Brachse (f)	abramīs (m)	أبراميس
Karpfen (m)	ʃabbūṭ (m)	شبّوط
Barsch (m)	farχ (m)	فرخ
Wels (m)	'armūṭ (m)	قرموط
Hecht (m)	karāky (m)	كراكي
Lachs (m)	salamon (m)	سلمون
Stör (m)	ḥafʃ (m)	حفش
Hering (m)	renga (f)	رنجة
atlantische Lachs (m)	salamon aṭlasy (m)	سلمون أطلسي
Makrele (f)	makerel (m)	ماكريل
Scholle (f)	samak mefalṭah (f)	سمك مفلطح
Zander (m)	samak sandar (m)	سمك سندر
Dorsch (m)	el qadd (m)	القد
Tunfisch (m)	tuna (f)	تونة
Forelle (f)	salamon mera''aṭ (m)	سلمون مرقّط
Aal (m)	ḥankalīs (m)	حنكليس
Zitterrochen (m)	ra'ād (m)	رعاد
Muräne (f)	moraya (f)	مورايية
Piranha (m)	bīrana (f)	بيرانا
Hai (m)	'erʃ (m)	قرش
Delfin (m)	dolfīn (m)	دولفين
Wal (m)	ḥūt (m)	حوت
Krabbe (f)	kaboria (m)	كابوريا
Meduse (f)	'andīl el baḥr (m)	قنديل البحر
Krake (m)	aχṭabūṭ (m)	أخطبوط
Seestern (m)	negmet el baḥr (f)	نجمة البحر
Seeigel (m)	qonfoz el baḥr (m)	قنفذ البحر
Seepferdchen (n)	ḥoṣān el baḥr (m)	حصان البحر
Auster (f)	maḥār (m)	محار
Garnele (f)	gammbary (m)	جمّبري
Hummer (m)	estakoza (f)	استكوزا
Languste (f)	estakoza (m)	استاكوزا

92. Amphibien Reptilien

Schlange (f)	te'bān (m)	ثعبان
Gift-, giftig	sām	سام
Viper (f)	af'a (f)	أفعى
Kobra (f)	kobra (m)	كوبرا
Python (m)	te'bān byton (m)	ثعبان بايثون
Boa (f)	bawā' el 'aṣera (f)	بواء العاصرة
Ringelnatter (f)	te'bān el 'oʃb (m)	ثعبان العشب

Klapperschlange (f)	af'a megalgela (f)	أفعى مجلجلة
Anakonda (f)	anakonda (f)	أناكوندا
Eidechse (f)	seḥliya (f)	سحليّة
Leguan (m)	eɣwana (f)	إغوانة
Waran (m)	warl (m)	ورل
Salamander (m)	salamander (m)	سلمندر
Chamäleon (n)	ḥerbāya (f)	حرباية
Skorpion (m)	'a'rab (m)	عقرب
Schildkröte (f)	solḥefah (f)	سلحفاة
Frosch (m)	ḍeffḍa' (m)	ضفدع
Kröte (f)	ḍeffḍa' el ṭeyn (m)	ضفدع الطين
Krokodil (n)	temsāḥ (m)	تمساح

93. Insekten

Insekt (n)	ḥaʃara (f)	حشرة
Schmetterling (m)	farāʃa (f)	فراشة
Ameise (f)	namla (f)	نملة
Fliege (f)	debbāna (f)	دبّانة
Mücke (f)	namūsa (f)	ناموسة
Käfer (m)	χonfesa (f)	خنفسة
Wespe (f)	dabbūr (m)	دبّور
Biene (f)	naḥla (f)	نحلة
Hummel (f)	naḥla ṭannāna (f)	نحلة طنّانة
Bremse (f)	na'ra (f)	نعرة
Spinne (f)	'ankabūt (m)	عنكبوت
Spinnennetz (n)	nasīg 'ankabūt (m)	نسيج عنكبوت
Libelle (f)	ya'sūb (m)	يعسوب
Grashüpfer (m)	garād (m)	جراد
Schmetterling (m)	'etta (f)	عثّة
Schabe (f)	ṣarṣūr (m)	صرصور
Zecke (f)	qarāda (f)	قرادة
Floh (m)	barɣūt (m)	برغوث
Kriebelmücke (f)	ba'ūḍa (f)	بعوضة
Heuschrecke (f)	garād (m)	جراد
Schnecke (f)	ḥalazōn (m)	حلزون
Heimchen (n)	ṣarṣūr el ḥaql (m)	صرصور الحقل
Leuchtkäfer (m)	yarā'a (f)	يراعة
Marienkäfer (m)	χonfesa mena'ṭṭa (f)	خنفسة منقّطة
Maikäfer (m)	χonfesa motlefa lel nabāt (f)	خنفسة متلفة للنبات
Blutegel (m)	'alaqa (f)	علقة
Raupe (f)	yasrū' (m)	يسروع
Wurm (m)	dūda (f)	دودة
Larve (f)	yaraqa (f)	يرقة

FLORA

94. Bäume

Baum (m)	ʃagara (f)	شجرة
Laub-	nafḍiya	نفضيّة
Nadel-	ṣonoberiya	صنوبرية
immergrün	dā'emet el χoḍra	دائمة الخضرة
Apfelbaum (m)	ʃagaret toffāḥ (f)	شجرة تفّاح
Birnbaum (m)	ʃagaret komettra (f)	شجرة كمثّرى
Kirschbaum (m)	ʃagaret karaz (f)	شجرة كرز
Pflaumenbaum (m)	ʃagaret bar'ū' (f)	شجرة برقوق
Birke (f)	batola (f)	بتولا
Eiche (f)	ballūṭ (f)	بلّوط
Linde (f)	zayzafūn (f)	زيزفون
Espe (f)	ḥūr rāgef	حور راجف
Ahorn (m)	qayqab (f)	قيقب
Fichte (f)	rateng (f)	راتينج
Kiefer (f)	ṣonober (f)	صنوبر
Lärche (f)	arziya (f)	أرزية
Tanne (f)	tanūb (f)	تنوب
Zeder (f)	el orz (f)	الأرز
Pappel (f)	ḥūr (f)	حور
Vogelbeerbaum (m)	ɣobayrā' (f)	غبيراء
Weide (f)	ṣefsāf (f)	صفصاف
Erle (f)	gār el mā' (m)	جار الماء
Buche (f)	el zān (f)	الزان
Ulme (f)	derdar (f)	دردار
Esche (f)	marān (f)	مران
Kastanie (f)	kastanā' (f)	كستناء
Magnolie (f)	maɣnolia (f)	ماغنوليا
Palme (f)	naχla (f)	نخلة
Zypresse (f)	el soro (f)	السرو
Mangrovenbaum (m)	mangrūf (f)	مانجروف
Baobab (m)	baobab (f)	باوباب
Eukalyptus (m)	eukalyptus (f)	أوكالبتوس
Mammutbaum (m)	sequoia (f)	سيكويا

95. Büsche

Strauch (m)	ʃogeyra (f)	شجيرة
Gebüsch (n)	ʃogayrāt (pl)	شجيرات

Weinstock (m)	karma (f)	كرمة
Weinberg (m)	karam (m)	كرم
Himbeerstrauch (m)	zar'et tūt el 'alī' el aḥmar (f)	زرعة توت العليق الأحمر
rote Johannisbeere (f)	keʃmeʃ aḥmar (m)	كشمش أحمر
Stachelbeerstrauch (m)	'enab el sa'lab (m)	عنب الثعلب
Akazie (f)	aqaqia (f)	أقاقيا
Berberitze (f)	berbarīs (m)	برباريس
Jasmin (m)	yasmīn (m)	ياسمين
Wacholder (m)	'ar'ar (m)	عرعر
Rosenstrauch (m)	ʃogeyret ward (f)	شجيرة ورد
Heckenrose (f)	ward el seyāg (pl)	ورد السياج

96. Obst. Beeren

Frucht (f)	tamra (f)	تمرة
Früchte (pl)	tamr (m)	تمر
Apfel (m)	toffāḥa (f)	تفّاحة
Birne (f)	komettra (f)	كمّثرى
Pflaume (f)	bar'ū' (m)	برقوق
Erdbeere (f)	farawla (f)	فراولة
Kirsche (f)	karaz (m)	كرز
Weintrauben (pl)	'enab (m)	عنب
Himbeere (f)	tūt el 'alī' el aḥmar (m)	توت العليق الأحمر
schwarze Johannisbeere (f)	keʃmeʃ aswad (m)	كشمش أسود
rote Johannisbeere (f)	keʃmeʃ aḥmar (m)	كشمش أحمر
Stachelbeere (f)	'enab el sa'lab (m)	عنب الثعلب
Moosbeere (f)	'enabiya ḥāda el χebā' (m)	عنبية حادة الخباء
Apfelsine (f)	bortoqāl (m)	برتقال
Mandarine (f)	yosfy (m)	يوسفي
Ananas (f)	ananās (m)	أناناس
Banane (f)	moze (m)	موز
Dattel (f)	tamr (m)	تمر
Zitrone (f)	lymūn (m)	ليمون
Aprikose (f)	meʃmeʃ (f)	مشمش
Pfirsich (m)	χawχa (f)	خوخة
Kiwi (f)	kiwi (m)	كيوي
Grapefruit (f)	grabe frūt (m)	جريب فروت
Beere (f)	tūt (m)	توت
Beeren (pl)	tūt (pl)	توت
Preiselbeere (f)	'enab el sore (m)	عنب الثور
Walderdbeere (f)	farawla barriya (f)	فراولة بريّة
Heidelbeere (f)	'enab al aḥrāg (m)	عنب الأحراج

97. Blumen. Pflanzen

Blume (f)	zahra (f)	زهرة
Blumenstrauß (m)	bokeyh (f)	بوكيه
Rose (f)	warda (f)	وردة
Tulpe (f)	tolīb (f)	توليب
Nelke (f)	'oronfol (m)	قرنفل
Gladiole (f)	el dalbūs (f)	الدّلَبُوث
Kornblume (f)	qanṭeryūn 'anbary (m)	قنطريون عنبري
Glockenblume (f)	garīs mostadīr el awrā' (m)	جريس مستدير الأوراق
Löwenzahn (m)	handabā' (f)	هندباء
Kamille (f)	kamomile (f)	كاموميل
Aloe (f)	el alowa (m)	الألوّة
Kaktus (m)	ṣabbār (m)	صبّار
Gummibaum (m)	faykas (m)	فيكس
Lilie (f)	zanbaq (f)	زنبق
Geranie (f)	ɣarnūqy (f)	غرنوقي
Hyazinthe (f)	el lavender (f)	اللافندر
Mimose (f)	mimoza (f)	ميموزا
Narzisse (f)	nerges (f)	نرجس
Kapuzinerkresse (f)	abo χangar (f)	أبو خنجر
Orchidee (f)	orkid (f)	أوركيد
Pfingstrose (f)	fawnia (f)	فاوانيا
Veilchen (n)	el banafseg (f)	البنفسج
Stiefmütterchen (n)	bansy (f)	بانسي
Vergissmeinnicht (n)	'āzān el fa'r (pl)	آذان الفأر
Gänseblümchen (n)	aqwaḥān (f)	أقحوان
Mohn (m)	el χoʃχāʃ (f)	الخشخاش
Hanf (m)	qanb (m)	قنب
Minze (f)	ne'nā' (m)	نعناع
Maiglöckchen (n)	zanbaq el wādy (f)	زنبق الوادي
Schneeglöckchen (n)	zahrat el laban (f)	زهرة اللبن
Brennnessel (f)	'arrāṣ (m)	قرّاص
Sauerampfer (m)	ḥammāḍ bostāny (m)	حمّاض بستاني
Seerose (f)	niloferiya (f)	نيلوفرية
Farn (m)	sarχas (m)	سرخس
Flechte (f)	aʃna (f)	أشنة
Gewächshaus (n)	ṣoba (f)	صوبة
Rasen (m)	'oʃb aχḍar (m)	عشب أخضر
Blumenbeet (n)	geneynet zohūr (f)	جنينة زهور
Pflanze (f)	nabāt (m)	نبات
Gras (n)	'oʃb (m)	عشب
Grashalm (m)	'oʃba (f)	عشبة

Blatt (n)	wara'a (f)	ورقة
Blütenblatt (n)	wara'et el zahra (f)	ورقة الزهرة
Stiel (m)	sāq (f)	ساق
Knolle (f)	darna (f)	درنة
Jungpflanze (f)	nabta saɣīra (f)	نبتة صغيرة
Dorn (m)	ʃawka (f)	شوكة
blühen (vi)	fattaḥet	فتّحت
welken (vi)	debel	ذبل
Geruch (m)	rīḥa (f)	ريحة
abschneiden (vt)	'aṭa'	قطع
pflücken (vt)	'aṭaf	قطف

98. Getreide, Körner

Getreide (n)	ḥobūb (pl)	حبوب
Getreidepflanzen (pl)	maḥaṣīl el ḥubūb (pl)	محاصيل الحبوب
Ähre (f)	sonbola (f)	سنبلة
Weizen (m)	'amḥ (m)	قمح
Roggen (m)	ʃelm mazrū' (m)	شيلم مزروع
Hafer (m)	ʃofān (m)	شوفان
Hirse (f)	el dexn (m)	الدخن
Gerste (f)	ʃe'īr (m)	شعير
Mais (m)	dora (f)	ذرة
Reis (m)	rozz (m)	رز
Buchweizen (m)	ḥanṭa soda' (f)	حنطة سوداء
Erbse (f)	besella (f)	بسلّة
weiße Bohne (f)	faṣolya (f)	فاصوليا
Sojabohne (f)	fūl el ṣoya (m)	فول الصويا
Linse (f)	'ads (m)	عدس
Bohnen (pl)	fūl (m)	فول

LÄNDER DER WELT

99. Länder. Teil 1

Afghanistan	afɣanistan (f)	أفغانستان
Ägypten	maṣr (f)	مصر
Albanien	albānia (f)	ألبانيا
Argentinien	arʒantīn (f)	الأرجنتين
Armenien	armīnia (f)	أرمينيا
Aserbaidschan	azrabiʒān (m)	أذربيجان
Australien	ostorālya (f)	أستراليا
Bangladesch	bangladeʃ (f)	بنجلاديش
Belgien	balʒīka (f)	بلجيكا
Bolivien	bolivia (f)	بوليفيا
Bosnien und Herzegowina	el bosna wel harsek (f)	البوسنة والهرسك
Brasilien	el barazīl (f)	البرازيل
Bulgarien	bolɣāria (f)	بلغاريا
Chile	tʃīly (f)	تشيلي
China	el ṣīn (f)	الصين
Dänemark	el denmark (f)	الدنمارك
Deutschland	almānya (f)	ألمانيا
Die Bahamas	gozor el bahāmas (pl)	جزر البهاماس
Die Vereinigten Staaten	el welayāt el mottaḥda el amrīkiya (pl)	الولايات المتّحدة الأمريكيّة
Dominikanische Republik	gomhoriya el dominikan (f)	جمهوريّة الدومينيكان
Ecuador	el equador (f)	الإكوادور
England	engeltera (f)	إنجلترا
Estland	estūnia (f)	إستونيا
Finnland	finlanda (f)	فنلندا
Frankreich	faransa (f)	فرنسا
Französisch-Polynesien	bolenezia el faransiya (f)	بولينزيا الفرنسيّة
Georgien	ʒorʒia (f)	جورجيا
Ghana	ɣana (f)	غانا
Griechenland	el yunān (f)	اليونان
Großbritannien	briṭaniya el 'ozma (f)	بريطانيا العظمى
Haiti	haīti (f)	هايتي
Indien	el hend (f)	الهند
Indonesien	indonisya (f)	إندونيسيا
Irak	el 'erāq (m)	العراق
Iran	iran (f)	إيران
Irland	irelanda (f)	أيرلندا
Island	'āyslanda (f)	آيسلندا
Israel	isra'īl (f)	إسرائيل
Italien	eṭālia (f)	إيطاليا

100. Länder. Teil 2

Jamaika	ʒamayka (f)	جامايكا
Japan	el yabān (f)	اليابان
Jordanien	el ordon (m)	الأردن
Kambodscha	kambodya (f)	كمبوديا
Kanada	kanada (f)	كندا
Kasachstan	kazaχistān (f)	كازاخستان
Kenia	kenya (f)	كينيا
Kirgisien	qirɣizestān (f)	قيرغيزستان
Kolumbien	kolombia (f)	كولومبيا
Kroatien	kroātya (f)	كرواتيا
Kuba	kūba (f)	كوبا
Kuwait	el kuweyt (f)	الكويت
Laos	laos (f)	لاوس
Lettland	latvia (f)	لاتفيا
Libanon (m)	lebnān (f)	لبنان
Libyen	libya (f)	ليبيا
Liechtenstein	liʃtenʃtayn (m)	ليشتنشتاين
Litauen	litwānia (f)	ليتوانيا
Luxemburg	luksemburg (f)	لوكسمبورج
Madagaskar	madaɣaʃkar (f)	مدغشقر
Makedonien	maqdūnia (f)	مقدونيا
Malaysia	malīzya (f)	ماليزيا
Malta	malṭa (f)	مالطا
Marokko	el maɣreb (m)	المغرب
Mexiko	el maksīk (f)	المكسيك
Moldawien	moldāvia (f)	مولدافيا
Monaco	monako (f)	موناكو
Mongolei (f)	manɣūlia (f)	منغوليا
Montenegro	el gabal el aswad (m)	الجبل الأسوّد
Myanmar	myanmar (f)	ميانمار
Namibia	namibia (f)	ناميبيا
Nepal	nebāl (f)	نيبال
Neuseeland	nyu zelanda (f)	نيوزيلنّدا
Niederlande (f)	holanda (f)	هولندا
Nordkorea	korea el ʃamāliya (f)	كوريا الشماليّة
Norwegen	el nerwīg (f)	النرويج
Österreich	el nemsa (f)	النمسا

101. Länder. Teil 3

Pakistan	bakistān (f)	باكستان
Palästina	felesṭīn (f)	فلسطين
Panama	banama (f)	بنما
Paraguay	baraguay (f)	باراجواي
Peru	beru (f)	بيرو
Polen	bolanda (f)	بولنّدا
Portugal	el bortoɣāl (f)	البرتغال

Republik Südafrika	afreqia el ganūbiya (f)	أفريقيا الجنوبيّة
Rumänien	romānia (f)	رومانيا
Russland	rūsya (f)	روسيا
Sansibar	zanʒibār (f)	زنجبار
Saudi-Arabien	el soʿodiya (f)	السعوديّة
Schottland	oskotlanda (f)	اسكتّلندا
Schweden	el sweyd (f)	السويد
Schweiz (f)	swesra (f)	سويسرا
Senegal	el senɣāl (f)	السنغال
Serbien	ṣerbia (f)	صربيا
Slowakei (f)	slovākia (f)	سلوفاكيا
Slowenien	slovenia (f)	سلوفينيا
Spanien	asbānya (f)	إسبانيا
Südkorea	korea el ganūbiya (f)	كوريا الجنوبيّة
Suriname	surinam (f)	سورينام
Syrien	soria (f)	سوريا
Tadschikistan	ṭaʒīkistan (f)	طاجيكستان
Taiwan	taywān (f)	تايوان
Tansania	tanznia (f)	تنزانيا
Tasmanien	tasmania (f)	تاسمانيا
Thailand	tayland (f)	تايلاند
Tschechien	gomhoriya el tʃīk (f)	جمهورية التشيك
Tunesien	tunis (f)	تونس
Türkei (f)	turkia (f)	تركيا
Turkmenistan	turkmānistān (f)	تركمانستان
Ukraine (f)	okrānia (f)	أوكرانيا
Ungarn	el magar (f)	المجر
Uruguay	uruguay (f)	أوروجواي
Usbekistan	uzbakistān (f)	أوزبكستان
Vatikan (m)	el vatikān (m)	الفاتيكان
Venezuela	venzweyla (f)	فنزويلا
Vereinigten Arabischen Emirate	el emārāt el ʿarabiya el mottaḥeda (pl)	الإمارات العربية المتَحدة
Vietnam	vietnām (f)	فيتنام
Weißrussland	belarūsia (f)	بيلاروسيا
Zypern	ʾobroṣ (f)	قبرص

www.ingramcontent.com/pod-product-compliance
Lightning Source LLC
Chambersburg PA
CBHW070831050426
42452CB00011B/2237
* 9 7 8 1 7 8 7 1 6 7 6 5 0 *